全訂

図説 法制執務入門

株式会社ぎょうせい 法制執務研究会 編著

ぎょうせい

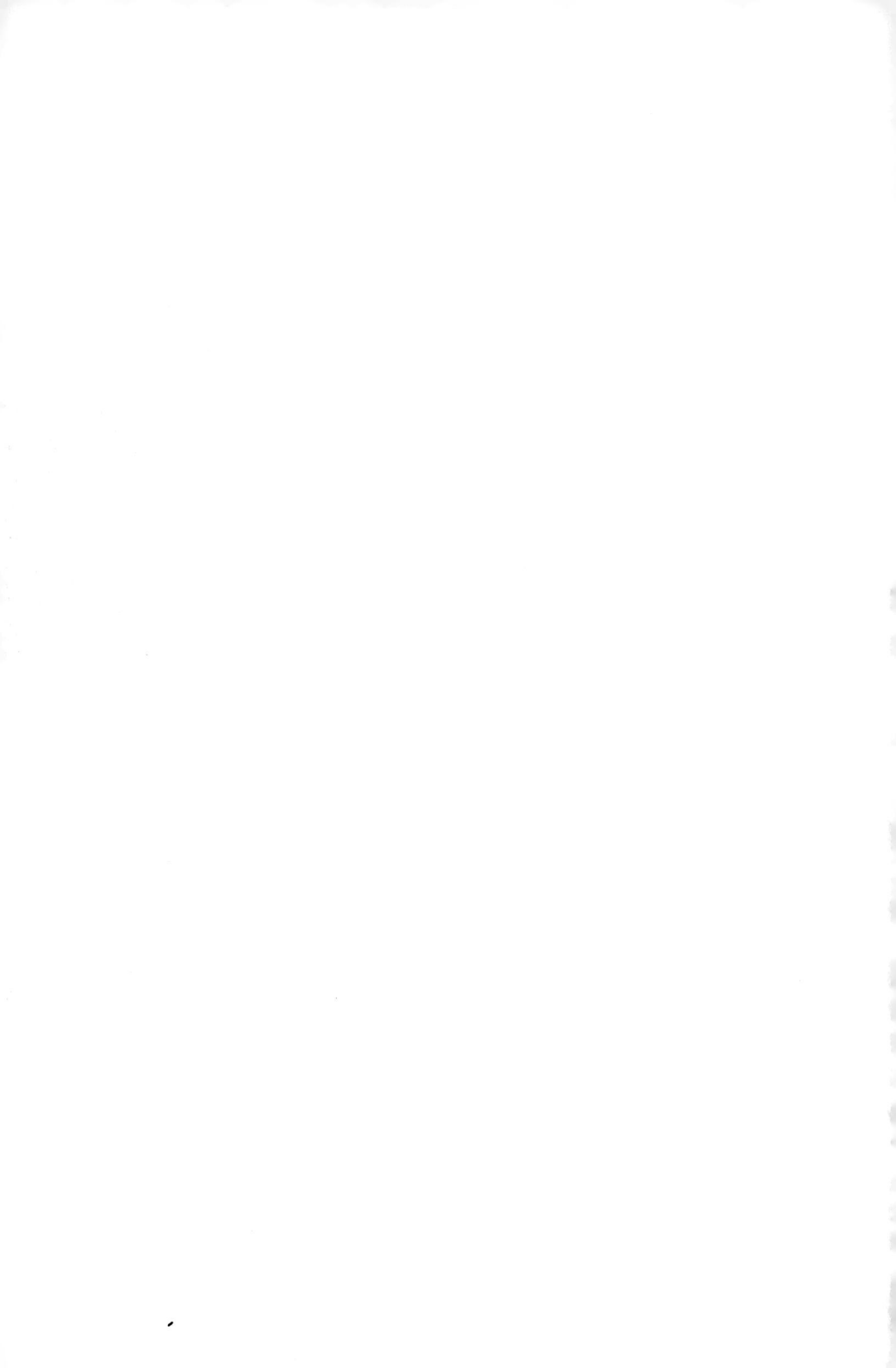

全訂版の発刊に当たって

明治政府は日本の近代化を急ぎました。そのためにとられたのが、中央集権型行政でした。いわゆる中央主導、官主導です。これによって、我が国は営々と基礎を固め、発展してきました。周知のとおりです。第２次世界大戦後も、この中央集権型行政で驚異的な復興を成し遂げました。

ところが、平成12年、この中央集権型行政システムに変動が起きました。地方分権の推進を図るための関係法律の整備等に関する法律（平成11年法律第87号。地方分権一括法）が制定され、その中の地方自治法の改正により機関委任事務の制度を廃止して、自治事務、法定受託事務が創設されるなどの地方分権改革が始まりました。地方自治制度にとっては大きな変革でした。時代を画す歴史的改革であると一般住民からも注目されました。今では、これを第１期地方分権改革と呼んでいます。

その後、平成23年に地域の自主性及び自立性を高めるための改革の推進を図るための関係法律の整備に関する法律（平成23年法律第37号）など数件の改革法が制定され、地域主権改革（第２期地方分権改革）が始まっています。

いずれも流れは、自治立法権、条例制定権が拡大されていく方向へ進んでいます。

国が政策立案をして法律をつくり、それを地方で執行するという一つのパターンがありましたが、そのような部分が減って、その分を地方で政策立案を担うことになりました。いわゆる我がまち独自の政策形成ですが、それを実現していくには、我が国は成文法主義をとっていますので、その政策（行政施策）を文章（条文）に表現しなくてはなりません。政策実現の手段としての法制執務といわれるゆえんです。

この度、関係方面からの御要望に応えて、前版を横書きに改訂して発刊する運びになりました。発刊の趣旨等は、次葉に残した前版の「序」と変わりません。

引き続き、入門書としてお役に立つことができれば幸いに存じます。

平成25年１月

株式会社 ぎょうせい
法制執務研究会

序

地方分権の進展に伴って地方公共団体においても、条例の立案等の事務が増えてきている実情にあります。そんな関係からだろうと思われますが、当社編集部にもこのような「法制執務」に関する多くの照会事項をいただいているところであります。その中には、「法制執務」に初めて携わることになった方や「法制執務」を初めて学ぼうとされる方々からの熱心な御意見や御照会も多く寄せられています。

本書は、このような方々の御要望におこたえするものとして、「法制執務」をなじみやすいものとするため、できる限り図解による解説を試みました。

「法制執務」を学ぶということは、国や地方公共団体の事務に携わるすべての職員にとって法律や条例等の立案・解釈・運用に当たって心得るべき法令上の知識やルールを体得することにほかなりません。勉強の糸口として本書がお役に立てれば幸いであります。

原稿作成に当たっては、

「法制執務提要」（佐藤達夫編・学陽書房）

「地方公務員のための法制執務の知識」〈全訂版〉（山本武著・ぎょうせい）

「ワークブック法制執務」〈全訂〉（前田正道編・ぎょうせい）

を参考にさせていただきました。厚く御礼申し上げます。

なお、この本で述べられている見解は、飽くまでも、当研究会のものであることを付け加えておきます。

平成12年２月

株式会社 ぎょうせい
法制執務研究会

目次

参考資料

演習問題

第1編　法の仕組み

第１章　法の体系

法令等の種類、制定権者及びその形式的効力の上下関係を図示すると、おおむね次ページに掲げる体系図のようになります。

ここで大切なことは、個々の法律又は条例等は、全く単独で成り立っていることはまれであり、周辺の法律又は条例等と左右に関連し合い、政令又は規則等と上下に関連し合っているということです。

したがって、個々の法律又は条例等を理解するに当たっては、これらの法令等が、常に憲法を頂点とした、法体系の一環として存在しているということに常に留意しておきましょう。

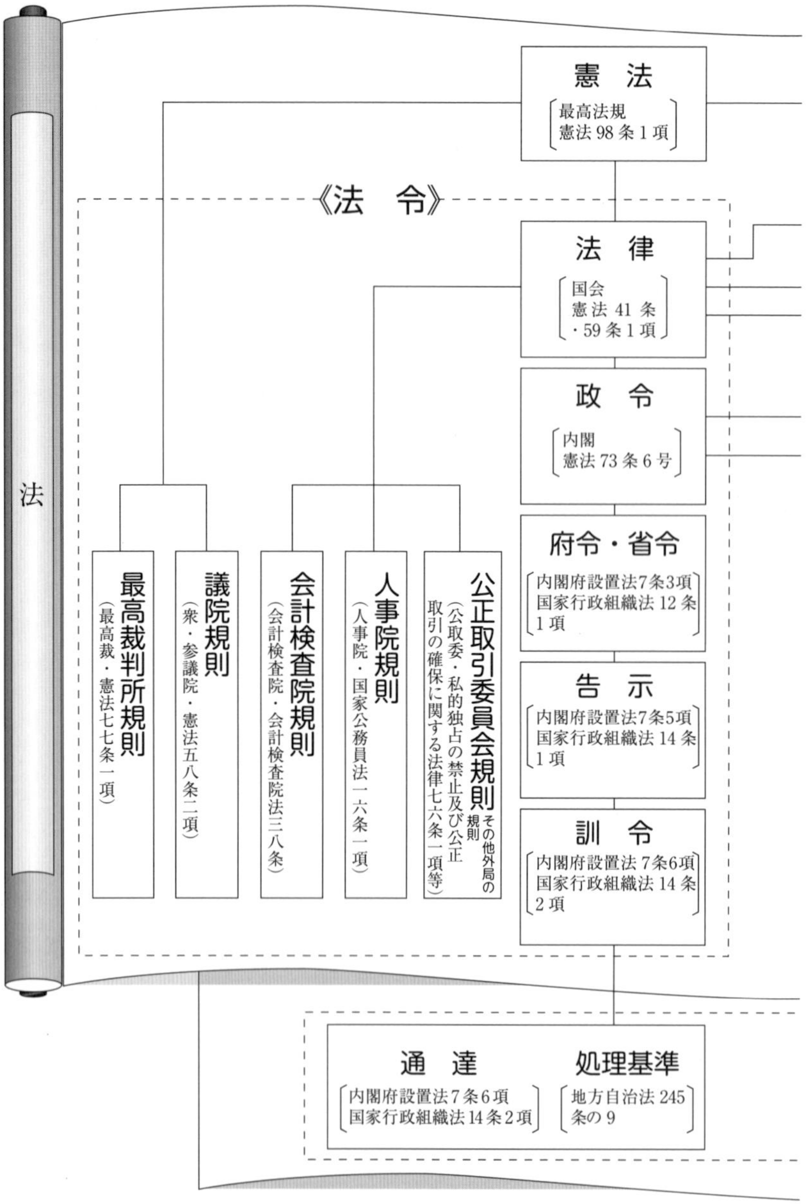
法
憲　法
最高法規
憲法98条1項
《法　令》
法　律
国会
憲法41条
・59条1項
政　令
内閣
憲法73条6号
府令・省令
内閣府設置法7条3項
国家行政組織法12条
1項
告　示
内閣府設置法7条5項
国家行政組織法14条
1項
訓　令
内閣府設置法7条6項
国家行政組織法14条
2項
最高裁判所規則
（最高裁・憲法七七条一項）
議院規則
（衆・参議院・憲法五八条二項）
会計検査院規則
（会計検査院・会計検査院法三八条）
人事院規則
（人事院・国家公務員法一六条一項）
公正取引委員会規則
その他外局の規則
（公取委・私的独占の禁止及び公正取引の確保に関する法律七六条一項等）
通　達
内閣府設置法7条6項
国家行政組織法14条2項
処理基準
地方自治法245条の9

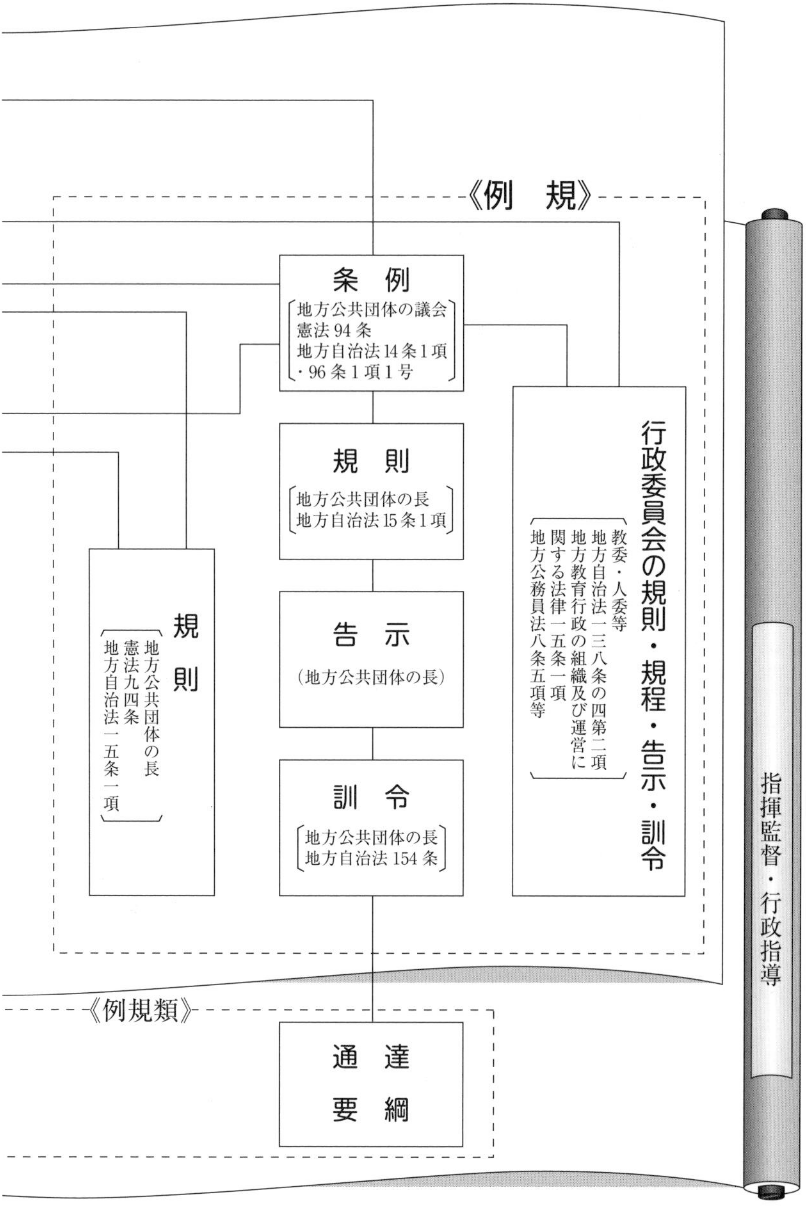
《例　規》
条　例
地方公共団体の議会
憲法 94 条
地方自治法 14 条 1 項・96 条 1 項 1 号
規　則
地方公共団体の長
地方自治法 15 条 1 項
告　示
（地方公共団体の長）
訓　令
地方公共団体の長
地方自治法 154 条
規則
地方公共団体の長
憲法九四条
地方自治法一五条一項
行政委員会の規則・規程・告示・訓令
教委・人委等
地方自治法一三八条の四第二項
地方教育行政の組織及び運営に関する法律一五条一項
地方公務員法八条五項等
《例規類》
通　達
要　綱
指揮監督・行政指導

第２章　法の種類

第１節　憲法

憲法とは、「国の最高法規であつて、その条規に反する法律、命令、詔勅及び国務に関するその他の行為の全部又は一部は、その効力を有しない」（憲法第98条第１項）とされるものであって、国の統治構造の基本原理と国民の基本的人権の尊重とを中心に定めた、いわば法律の法律をいいます。このことは、憲法が我が国の法体系の根幹を成すものであり、他の全ての国内法令に比べて最も強い形式的効力を有することを意味します。

日本国憲法

第九十八条　この憲法は、国の最高法規であつて、その条規に反する法律、命令、詔勅及び国務に関するその他の行為の全部又は一部は、その効力を有しない。

第２節　法令――国及び国の機関が定めるもの

１　法律

法律とは、「国権の最高機関であつて、国の唯一の立法機関」（憲法第41条）である国会が所定の手続（憲法第59条）により議決したもの（形式的意味の法律）をいいます。国民に義務を課したり、又は国民の権利を制限したりする法は、原則として、この形式的意味の法律によらなければなりません。

日本国憲法

第四十一条　国会は、国権の最高機関であつて、国の唯一の立法機関である。

第五十九条　法律案は、この憲法に特別の定のある場合を除いては、両議院で可決したとき法律となる。

②　衆議院で可決し、参議院でこれと異なつた議決をした法律案は、衆議院で出席議員の三分の二以上の多数で再び可決したときは、法律となる。

③　前項の規定は、法律の定めるところにより、衆議院が、両議院の協議会を開くことを求めることを妨げない。

④　参議院が、衆議院の可決した法律案を受け取つた後、国会休会中の期間を除いて六十日以内に、議決しないときは、衆議院は、参議院がその法律案を否決したものとみなすことができる。

2　政令

政令とは、行政権の主体（憲法第65条）である内閣が制定する命令（憲法第73条第６号）をいいます。政令には、実施政令と委任政令の２種類があります。

実施政令　法律の規定を実施するためのもの

―――― 参考例

地方公務員等共済組合法施行令

内閣は、地方公務員共済組合法（昭和三十七年法律第百五十二号）及び地方公務員共済組合法の長期給付に関する施行法（昭和三十七年法律第百五十三号）の規定に基づき、並びにこれらの法律を実施するため、この政令を制定する。

委任政令　法律の委任に基づき、その委任の範囲内で法律の所管事項を定めるもの

―――― 参考例

津波防災地域づくりに関する法律施行令

内閣は、津波防災地域づくりに関する法律（平成二十三年法律第百二十三号）第二条第十項及び第十二項、第七条第十項（同法第三十四条第二項において準用する場合を含む。）、第二十条第三項、第二十三条第一項ただし書及び第三号、第二十七条第五項及び第六項、第二十八条第三項、第三十三条第一項、第三十五条第四項、第三十九条、第五十一条第六項、第五十二条第一項ただし書、第五十八条、第七十一条第一項第二号並びに第九十七条の規定に基づき、この政令を制定する。

日本国憲法

第六十五条　行政権は、内閣に属する。

第七十三条　内閣は、他の一般行政事務の外、左の事務を行ふ。

六　この憲法及び法律の規定を実施するために、政令を制定すること。但し、政令には、特にその法律の委任がある場合を除いては、罰則を設けることができない。

なお、「法律の優先の原則」との関係からいって、実施政令により

・法律の内容を補正したり変更したりすること

・法律の予定している範囲外で、法律と異なった別の事項を定めること

は、できません。

「法律の優先の原則」とは

➡「形式的効力の原理」 38ページ参照

また、「法律の留保の原則」との関係からいって、委任政令であっても

・「国の唯一の立法機関」としての国会の立法権の存在を無視することとなるような一般的包括的な委任

は、許されません。

「法律の留保の原則」とは、

行政活動については、その全てにわたって法律による根拠を必要とすること。

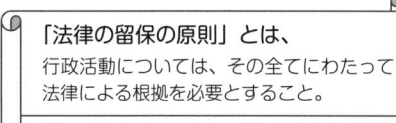

さらに、「罪刑法定主義」（憲法第31条）との関係からいって、政令への

・犯罪の構成要件の白紙委任

が許されないことも同様です。

「罪刑法定主義」とは
65ページ参照

日本国憲法

第三十一条　何人も、法律の定める手続によらなければ、その生命若しくは自由を奪はれ、又はその他の刑罰を科せられない。

３　府令・省令

府令とは、内閣総理大臣が「内閣府に係る主任の行政事務について、法律若しくは政令を施行するため、又は法律若しくは政令の特別の委任に基づいて」（内閣府設置法第７条第３項）発する内閣府の命令（内閣府令）をいい、省令とは、各省大臣が「主任の行政事務について、法律若しくは政令を施行するため、又は法律若しくは政令の特別の委任に基づいて」（国家行政組織法第12条第１項）発する各省の命令をいいます。これらの命令に、実施命令と委任命令とがあることも、政令の場合と同じです。

また、府令又は省令には、「法律の委任がなければ、罰則を設け、又は義務を課し、若しくは国民の権利を制限する規定を設けることができない」（内閣府設置法第７条第４項、国家行政組織法第12条第３項）こと及びこれらの命令に委任することのできる範囲についても、政令の場合と同様です。

内閣府設置法

（内閣総理大臣の権限）

第七条

３　内閣総理大臣は、内閣府に係る主任の行政事務について、法律若しくは政令を施行するため、又は法律若しくは政令の特別の委任に基づいて、内閣府の命令として内閣府令を発することができる。

４　内閣府令には、法律の委任がなければ、罰則を設け、又は義務を課し、若しくは国民の権利を制限する規定を設けることができない。

国家行政組織法

（行政機関の長の権限）

第十二条　各省大臣は、主任の行政事務について、法律若しくは政令を施行するため、又は法律若しくは政令の特別の委任に基づいて、それぞれその機関の命令として省令を発することができる。

３　省令には、法律の委任がなければ、罰則を設け、又は義務を課し、若しくは国民の権利を制限する規定を設けることができない。

第十三条　各委員会及び各庁の長官は、別に法律の定めるところにより、政令及び省令以外の規則その他の特別の命令を自ら発することができる。

参考　〈外局の長の発する命令〉

府令又は省令とは別に、外局（各省等に置かれる委員会及び庁）の長の発する命令があります（国家行政組織法第13条第１項）。その内容は、原則としてそれぞれの専属的所管事項に限られていますが、府令又は省令との競合が起こり得ないわけではありません。その効力は、法律及び政令に劣り、府令又は省令に準ずるものとされています。

４　告示

告示とは、内閣総理大臣が内閣府の所掌事務について、又は各省大臣、各委員会及び各庁の長官がその機関の所掌事務について、法律、政令、府令又は省令の規定等に基づき、指定、決定などの処分その他の事項を外部に公示する形式（又は行為）をいいます（内閣府設置法第７条第５項、国家行政組織法第14条第１項）。これらの中には、法規的事項を含むものもあります。告示の効力は、他の法令の効力に劣らないとされています。

内閣府設置法

（内閣総理大臣の権限）

第七条

５　内閣総理大臣は、内閣府の所掌事務について、公示を必要とする場合においては、告示を発することができる。

国家行政組織法

（行政機関の長の権限）

第十四条　各省大臣、各委員会及び各庁の長官は、その機関の所掌事務について、公示を必要とする場合においては、告示を発することができる。

参考

「高等学校学習指導要領（昭和35年文部省告示第94号）は法規としての性質を有するとした原審の判断は、正当として是認することができ」る。

（「伝習館高校事件」最高裁平成２年１月18日判決）

５　訓令

訓令とは、内閣総理大臣が内閣府の所掌事務について、又は各省大臣、各委員会及び各庁の長官がその機関の所掌事務について、所管の機関及び職員に対し、内部的な事務運営等につき指揮命令するために発する命令をいいます（内閣府設置法第７条第６項、国家行政組織法第14条第２項）。

訓令と通達の違いは

訓令と通達は、指揮監督権のある行政機関がその権限の及ぶ範囲内に対して発する命令である点では同じですが、その違いは、おおよそそれぞれ次のようにまとめることができます。

「訓令」…その職務運営の基本事項を内容とするもの

「通達」…その職務運営の基本事項についての細目的事項、法令の解釈・運用方針に関する示達事項を内容とするもの

訓令と通達は、上記のように差異があるもののいずれも国民を直接拘束するものではありません。

内閣府設置法

（内閣総理大臣の権限）

第七条

6　内閣総理大臣は、内閣府の所掌事務について、命令又は示達をするため、所管の諸機関及び職員に対し、訓令又は通達を発することができる。

国家行政組織法

（行政機関の長の権限）

第十四条

2　各省大臣、各委員会及び各庁の長官は、その機関の所掌事務について、命令又は示達をするため、所管の諸機関及び職員に対し、訓令又は通達を発することができる。

6　最高裁判所規則

最高裁判所規則とは、憲法第77条第1項の規定に基づき、最高裁判所が訴訟に関する手続等について定めた規則をいいます。

最高裁判所規則は、法律及び政令と同じように、国民を規律する法規である点において、その制定作用は立法に属しており、最高裁判所における規則の制定は、三権分立の例外を成すものということができます。

しかし、憲法第77条第1項に規定する事項について法律が介入することを禁止する規定はありませんし、憲法は、むしろ国会をもって「国の唯一の立法機関」（憲法第41条）としていますから、法律をもってこれらの事項を定めることができないということにはなりません。そして、法律と最高裁判所規則の優劣関係についても、裁判官は、法律に拘束される（憲法第76条第3項）こととされていますので、法律が最高裁判所規則に優先すると解するのが素直な考え方とされています。

もっとも、最高裁判所の規則制定権も、憲法の認めるものである以上、法律が必要以上に憲法第77条第１項に規定する事項についての定めを先占して、最高裁判所の規則制定権の働く余地を実際上無くしてしまうようなことは、憲法の趣旨に反するものといえましょう。

日本国憲法

第四十一条　国会は、国権の最高機関であつて、国の唯一の立法機関である。

第七十六条

③　すべて裁判官は、その良心に従ひ独立してその職権を行ひ、この憲法及び法律にのみ拘束される。

第七十七条　最高裁判所は、訴訟に関する手続、弁護士、裁判所の内部規律及び司法事務処理に関する事項について、規則を定める権限を有する。

７　議院規則

議院規則とは、衆議院及び参議院が、それぞれ憲法第58条第２項の規定に基づき、議院における会議その他の手続及び内部の規律に関する事項について定めた規則（衆議院規則、参議院規則）をいいます。

議院規則は、衆・参各議院が単独で制定するものですから、その効力は、原則として法律に劣りますが、その拘束力は、議員だけでなく、国務大臣、傍聴人等にも及びます。

日本国憲法

第五十八条

②　両議院は、各々その会議その他の手続及び内部の規律に関する規則を定め、又、院内の秩序をみだした議員を懲罰することができる。但し、議員を除名するには、出席議員の三分の二以上の多数による議決を必要とする。

8　会計検査院規則

会計検査院規則とは、会計検査院法第38条の規定に基づき、国の会計検査に関して必要な事項を定めた規則をいいます。

会計検査院法

第三十八条　この法律に定めるものの外、会計検査に関し必要な規則は、会計検査院がこれを定める。

9　人事院規則

人事院規則とは、人事院が、国家公務員法第16条第１項の規定に基づき、国家公務員の給与その他の勤務条件等その所掌事務に関して必要な事項を定めた規則をいいます。

国家公務員法

（人事院規則及び人事院指令）

第十六条　人事院は、その所掌事務について、法律を実施するため、又は法律の委任に基づいて、人事院規則を制定し、人事院指令を発し、及び手続を定める。人事院は、いつでも、適宜に、人事院規則を改廃することができる。

第３節　例規——地方公共団体及び地方公共団体の機関が定めるもの

１　条例

条例とは、地方公共団体が法令の範囲内において制定する法規をいいます（憲法第94条、地方自治法第14条第１項)。形式的には、地方自治法第２条第２項に定める地方公共団体の事務及び法令により委任された事項について、地方公共団体の議会の議決した法規が、これに当たります（地方自治法第96条第１項第１号)。この点で、条例の制定は、国会をもって国の唯一の立法機関とする憲法第41条の例外を成すものではありますが、それは、別途、憲法第94条が地方公共団体の条例制定権を保障しているからであり、法律によって地方公共団体の条例制定権を奪うことができないことはいうまでもありません。

条例は、国の行政機関の命令（特に委任命令）が法律の個別的な委任に基づくものであるのとは異なり、法令の範囲内において自治権に基づき制定される自主立法である点において、法律と並ぶものです。しかし、法令の範囲内において制定されるものであるという点において、条例の制定には、いろいろな限界が認められます。

日本国憲法

第四十一条　国会は、国権の最高機関であつて、国の唯一の立法機関である。

第九十四条　地方公共団体は、その財産を管理し、事務を処理し、及び行政を執行する権能を有し、法律の範囲内で条例を制定することができる。

地方自治法

第二条

②　普通地方公共団体は、地域における事務及びその他の事務で法律又はこれに基づく政令により処理することとされるものを処理する。

第十四条　普通地方公共団体は、法令に違反しない限りにおいて第二条第二項の事務に関し、条例を制定することができる。

第九十六条　普通地方公共団体の議会は、次に掲げる事件を議決しなければならない。

一　条例を設け又は改廃すること。

⑴　条例の事項的限界

条例によって規制しようとする事項は、地方公共団体の事務に属するものでなければなりません。したがって、次の事項を内容とする条例は、制定することができません。

①　次に掲げる国の分担事務（地方自治法第１条の２第２項）に属する事項

ア　国際社会における国家としての存立に関する事務

☞　例えば、外交、防衛、安全保障、通貨、司法に関する事務等

イ　全国的に統一して定めることが望ましい国民の諸活動に関する事務

☞　例えば、公正取引の確保、国政選挙、生活保護基準、労働基準に関する事務等

ウ　地方自治に係る基本的な準則（ルール）に関する事務

☞　例えば、地方制度及び国と地方公共団体との間の基本的ルールに関すること。

エ　全国的な規模で、又は全国的な視点で行わなければならない施策・事業の実施

☞　例えば、公的年金、宇宙開発、骨格的・基幹的交通基盤に関する事業

オ　アからエまでに掲げるもののほか、国が本来果たすべき役割を担うべき事務

②　地方公共団体の長の専属的権限（長の規則制定権）に属する事項（地方自治法第15条第１項）

③　執行機関たる委員会（行政委員会）の専属的権限に属する事項（地方教育行政の組織及び運営に関する法律第15条等）

地方自治法

第一条の二

②　国は、前項の規定の趣旨を達成するため、国においては国際社会における国家としての存立にかかわる事務、全国的に統一して定めることが望ましい国民の諸活動若しくは地方自治に関する基本的な準則に関する事務又は全国的な規模で若しくは全国的な視点に立つて行わなければならない施策及び事業の実施その他の国が本来果たすべき役割を重点的に担い、住民に身近な行政はできる限り地方公共団体にゆだねることを基本として、地方公共団体との間で適切に役割を分担するとともに、地方公共団体に関する制度の策定及び施策の実施に当たつて、地方公共団体の自主性及び自立性が十分に発揮されるようにしなければならない。

第十五条　普通地方公共団体の長は、法令に違反しない限りにおいて、その権限に属する事務に関し、規則を制定することができる。

地方教育行政の組織及び運営に関する法律

（教育委員会規則の制定等）

第十五条　教育委員会は、法令又は条例に違反しない限りにおいて、その権限に属する事務に関し、教育委員会規則を制定することができる。

2　教育委員会規則その他教育委員会の定める規程で公表を要するものの公布に関し必要な事項は、教育委員会規則で定める。

⑵　条例の法的限界

条例は、法令に違反するものであってはなりません。したがって、次の事項をその内容に含む条例は、制定することができません。

①　憲法の基本原理とする「基本的人権」の保障や、「公共の福祉」の要請に反することになると認められる事項

②　国の法令の明文の規定に明らかに違反する事項（国の法令が既に規定している事項、国の法令で定めることを明らかにしている事項又は条例で定めることを禁止している事項）

③　国の法令の趣旨、目的に反する事項

☞　例えば、物価統制令で空白とされているものに関する事項

④　その規制について国が先占していると認められる事項

☞　例えば、質屋営業者の身分に関する事項

ただし、次の場合には、条例を制定することは妨げられないものとされています。

ア　国の法令で空白とされている事項（前述の「⑵　条例の法的限

界」の③に該当するものを除く。）で、前述の「⑴　条例の事項的限界」及び「⑵　条例の法的限界」の①に反しないと認められるものについて定める場合

イ　その事項・対象が国の法令と同じであっても、その目的が国の法令と異なる場合

☞　例えば、飼犬取締条例と狂犬病予防法

ウ　その目的が国の法令と同じであっても、その事項・対象を異にする場合

☞　例えば、いわゆるカラオケ騒音規制条例と騒音規制法

１　地方公共団体の事務

(1)　**自治事務**

地方公共団体が処理する事務のうち、法定受託事務以外のものをいいます（地方自治法第２条第８項）。

(2)　**法定受託事務**

次の２種があります（地方自治法第２条第９項）。

ア　第１号法定受託事務

法律・政令により都道府県、市町村又は特別区が処理することとされる事務のうち、国が本来果たすべき役割に係るものであって、国においてその適正な処理を特に確保する必要があるものとして法律・政令に特に定めるもの

イ　第２号法定受託事務

法律・政令により市町村又は特別区が処理することとされる事務のうち、都道府県が本来果たすべき役割に係るものであって、都道府県においてその適正な処理を特に確保する必要があるものとして法律・政令に特に定めるもの

地方自治法

第二条

⑧　この法律において「自治事務」とは、地方公共団体が処理する事務のうち、法定受託事務以外のものをいう。

⑨　この法律において「法定受託事務」とは、次に掲げる事務をいう。

一　法律又はこれに基づく政令により都道府県、市町村又は特別区が処理することとされる事務のうち、国が本来果たすべき役割に係るものであつて、国においてその適正な処理を特に確保する必要があるものとして法律又はこれに基づく政令に特に定めるもの（以下「第一号法定受託事務」という。）

二　法律又はこれに基づく政令により市町村又は特別区が処理することとされる事務のうち、都道府県が本来果たすべき役割に係るものであつて、都道府県においてその適正な処理を特に確保する必要があるものとして法律又はこれに基づく政令に特に定めるもの（以下「第二号法定受託事務」という。）

2　自治事務・法定受託事務に対する条例の制定

(1)　自治事務に対する条例の制定

ア　法律・政令に違反しない限りにおいて、条例を制定することができます。

イ　自治事務に係る基準は、法令によるものでなければ拘束力はありません。

☆国が地方公共団体に対して発する「通知」は、参考・技術的助言の扱いとされています。

(2)　法定受託事務に対する条例の制定

ア　法定受託事務は、地方公共団体が処理する事務であることから（地方自治法第２条第２項）、法律・政令に違反しない限り、条例を制定することができます（地方自治法第14条第１項）。

イ　ただし、各大臣又は都道府県の執行機関が定める処理基準に従う必要があります。

市町村が処理する法定受託事務については、各大臣又は都道府県の執行機関は、その処理基準を定めることができます（地方自治法第245条の９第２項・第３項）。この処理基準は、形式について特別の定めはありません。したがって、個別法・政令に根拠を置く必要もありません。「通知」の形式で発せられることもあります。

ウ　条例の制定の余地がどの程度あるかは、法律・政令等の定め方によります。特に、各省庁が「処理基準」として、手続・様式等に影響するような規定を定める場合などは、地方公共団体が条例や規則等を制定して工夫する余地は限られます。

地方自治法

第二条

②　普通地方公共団体は、地域における事務及びその他の事務で法律又はこれに基づく政令により処理することとされるものを処理する。

第十四条　普通地方公共団体は、法令に違反しない限りにおいて第二条第二項の事務に関し、条例を制定することができる。

（処理基準）

第二百四十五条の九

２　次の各号に掲げる都道府県の執行機関は、市町村の当該各号に定める法定受託事務の処理について、市町村が当該法定受託事務を処理するに当たりよるべき基準を定めることができる。この場合において、都道府県の執行機関の定める基準は、次項の規定により各大臣の定める基準に抵触するものであつてはならない。

一　都道府県知事　市町村長その他の市町村の執行機関（教育委員会及び選挙管理委員会を除く。）の担任する法定受託事務

二　都道府県教育委員会　市町村教育委員会の担任する法定受託事務

三　都道府県選挙管理委員会　市町村選挙管理委員会の担任する法定受託事務

３　各大臣は、特に必要があると認めるときは、その所管する法律又はこれに基づく政令に係る市町村の第一号法定受託事務の処理について、市町村が当該第一号法定受託事務を処理するに当たりよるべき基準を定めることができる。

参考　〈事務の区分の変遷〉

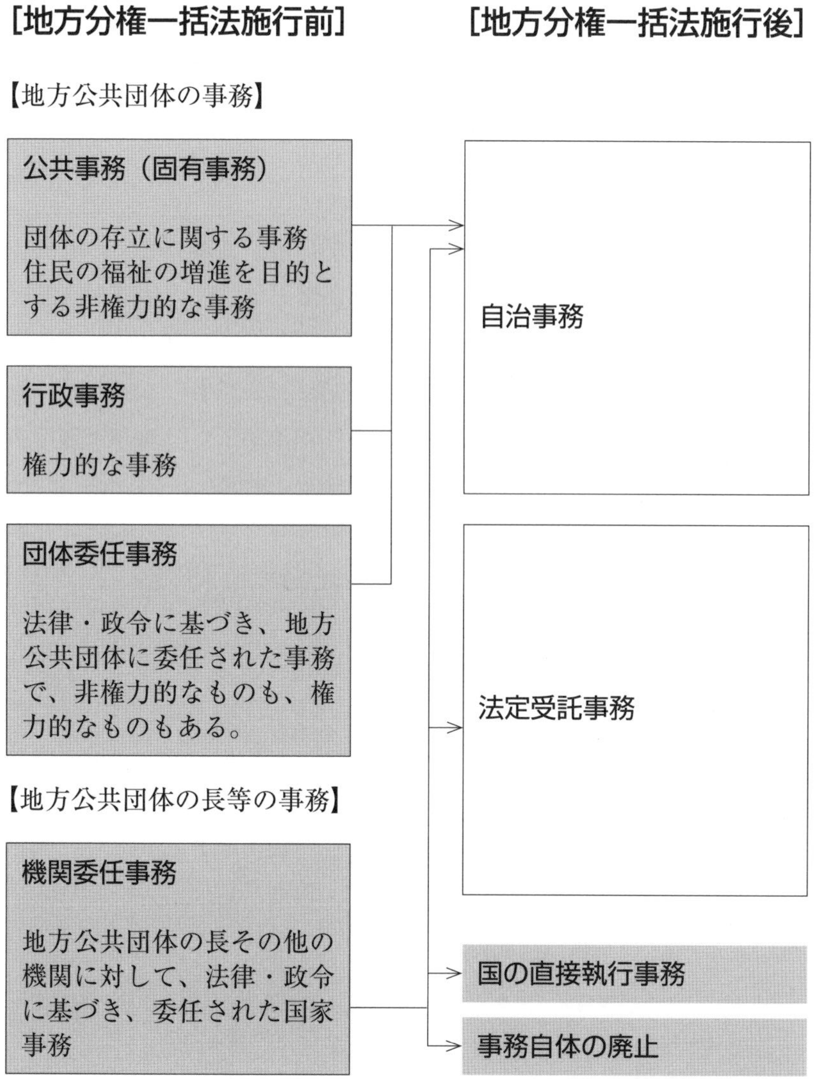
[地方分権一括法施行前]
[地方分権一括法施行後]
【地方公共団体の事務】
公共事務（固有事務）
団体の存立に関する事務
住民の福祉の増進を目的とする非権力的な事務
行政事務
権力的な事務
団体委任事務
法律・政令に基づき、地方公共団体に委任された事務で、非権力的なものも、権力的なものもある。
【地方公共団体の長等の事務】
機関委任事務
地方公共団体の長その他の機関に対して、法律・政令に基づき、委任された国家事務
自治事務
法定受託事務
国の直接執行事務
事務自体の廃止

２　規則

規則とは、地方公共団体の長（知事、市町村長）が地方自治法第15条第１項の規定に基づき、国の法令に違反しない限りにおいて、その権限に属する事務について制定する法規をいいます。規則には、地方公共団体の長が、その専属的権限に属する事務に関して制定する規則と、条例からの委任事項又は条例の実施事項を定める規則（例えば、○○条例施行規則）とがあります。

また、地方公共団体の長のほか、教育委員会、人事（公平）委員会等の執行機関も、その権限に属する事務に関して、国の法令又は条例若しくは地方公共団体の長の定める規則に違反しない限りにおいて、規則を制定することができます（地方自治法第138条の４第２項、地方教育行政の組織及び運営に関する法律第15条第１項、地方公務員法第８条第５項等）。

地方自治法

第十五条　普通地方公共団体の長は、法令に違反しない限りにおいて、その権限に属する事務に関し、規則を制定することができる。

第百三十八条の四

②　普通地方公共団体の委員会は、法律の定めるところにより、法令又は普通地方公共団体の条例若しくは規則に違反しない限りにおいて、その権限に属する事務に関し、規則その他の規程を定めることができる。

地方教育行政の組織及び運営に関する法律

（教育委員会規則の制定等）

第十五条　教育委員会は、法令又は条例に違反しない限りにおいて、その権限に属する事務に関し、教育委員会規則を制定することができる。

地方公務員法

（人事委員会又は公平委員会の権限）

第八条

５　人事委員会又は公平委員会は、法律又は条例に基づきその権限に属せしめられた事務に関し、人事委員会規則又は公平委員会規則を制定することができる。

３　告示

告示とは、地方公共団体の長等の執行機関が、その機関の所掌事務について、法令又は条例、規則の規定等に基づき、指定、決定などの処分その他の事項を外部に公示する形式（又は行為）をいいます。その形式は、おおむね条例・規則の立法形式に準拠したものです。

４　訓令

訓令とは、指揮監督権のある行政機関がその範囲内に発し、その限りにおいて強制力を有する命令をいいます。例えば、地方公共団体の長が、地方自治法第154条の規定に基づき、その補助機関である職員に対して、内部的な事務運営等について指揮命令するために発する命令がその代表例です。しかし、地方公共団体の場合、事務分掌等については、規則で規定するのが適当であるとされています（行政実例昭和24年１月13日）。

地方自治法

第百五十四条　普通地方公共団体の長は、その補助機関である職員を指揮監督する。

参考

⑴　地方公共団体の市町村長事務部局で用いられる「規程」の文言は、飽くまでも題名として用いられているもので、その実体は、告示か訓令に当たるものです。

⑵　また、地方公共団体の例規で、「規程第○○号」とされているものもありますが、これは、各地方公共団体の制定している「文書管理規程」の規定に基づくものと考えられます。

⑶　題名に「告示」又は「訓令」の文言を付ける場合は、「～に関する告示」又は「～に関する訓令」とするのが一般的です。

第４節　法令・例規に準ずるもの

１　通達

通達とは、国又は地方公共団体の各機関が、その指揮監督権を有する所管の諸機関又は職員に対して、その職務運営に関する細目的事項、諸法令・例規の解釈・運用方針等を周知徹底するために発する命令で、その指揮監督権の及ぶ範囲内において一定の強制力を有するものをいいます。

２　処理基準

処理基準とは、法定受託事務について国又は都道府県の執行機関が定める事務処理の基準をいいます（地方自治法第245条の９）。第１号法定受託事務については国が、第２号法定受託事務については都道府県の執行機関が発しています。この処理基準は、法定受託事務を処理するに当たり「よるべき基準」であり、地方公共団体がこれに基づいてその事務を処理することが法律上予定されていると考えられることから、一定の強制力があるものと考えるべきでしょう。

地方自治法

（処理基準）

第二百四十五条の九　各大臣は、その所管する法律又はこれに基づく政令に係る都道府県の法定受託事務の処理について、都道府県が当該法定受託事務を処理するに当たりよるべき基準を定めることができる。

2　次の各号に掲げる都道府県の執行機関は、市町村の当該各号に定める法定受託事務の処理について、市町村が当該法定受託事務を処理するに当たりよるべき基準を定めることができる。この場合において、都道府県の執行機関の定める基準は、次項の規定により各大臣の定める基準に抵触するものであつてはならない。

一　都道府県知事　市町村長その他の市町村の執行機関（教育委員会及び選挙管理委員会を除く。）の担任する法定受託事務

二　都道府県教育委員会　市町村教育委員会の担任する法定受託事務

三　都道府県選挙管理委員会　市町村選挙管理委員会の担任する法定受託事務

3　各大臣は、特に必要があると認めるときは、その所管する法律又はこれに基づく政令に係る市町村の第一号法定受託事務の処理について、市町村が当該第一号法定受託事務を処理するに当たりよるべき基準を定めることができる。

3　要綱

要綱とは、行政手続条例の定めるところにより、地方公共団体の長等がある事項について複数の者に対して同一目的の行政指導を行うための一般的な基準として定めるものをいいます。したがって、要綱そのものは法的な拘束力や強制力を持つものではなく、制定者の要請に応えて相手方の同意と協力があって初めて、要綱は有効に働くものといえます。

ただ、要綱は、

⑴　法令等と現実とのギャップを埋める（法令等の不備・硬直性を補う。）。

⑵　これにより地域の実情に即した行政の執行が期待できる。
⑶　条例制定の困難性を回避できる。
ということで、実際の行政執行面では大きな役割を果たしています。

参考

「指導要綱は、市が法令によらずに行政指導することの方針を示したものにすぎず、もともと法的な拘束力ないし強制力を有するものでなく、勧告的、任意的なものであって、相手方に任意の協力を要請するにすぎないものである。」

（「武蔵野市長給水拒否事件」東京地裁八王子支部昭和59年2月24日判決、最高裁平成元年11月8日決定）

4　法制意見

法制意見とは、法律問題に対し、内閣法制局が、内閣並びに内閣総理大臣及び各省大臣からの照会等に対して表明した意見をいい、法制意見は、行政部内における法令の解釈なり法令の運用上でのよりどころを示すものとされています。

「通達」と「通知」との違い

「通達」は、訓令と同じく、指揮監督権のある行政機関がその権限の及ぶ範囲内に発し、その限りにおいて強制力を有する命令です。

「通知」は、指揮監督権の有無に関係なく、一定の事実を知らせるために発せられるものです。

国家事務としての性格を有する機関委任事務を地方公共団体の長等が処理していた頃は、国が地方公共団体に対して「通達」を発していましたが、第１期地方分権改革により機関委任事務制度が廃止された後は、国が対等の関係にある地方公共団体に対して「通達」を発することはあり得ません。

現在、国の地方公共団体に対して技術的な助言として発せられている「通知」は、地方自治法第245条の４の規定に基づくものです。

「行政実例」とは？

「行政実例」とは、第１次地方分権改革前において、法令の運用、解釈、適用等についての地方公共団体からの照会に対して、国の行政機関が発した回答をいいます。なお、照会回答という形で取り扱われた事案については解釈例規（法令の有権的解釈）として行政上のよりどころとされていました。

しかし、地方分権改革一括法により法令解釈の原則が法定され（地方自治法第２条第12項）、地方公共団体が自主的法令解釈権を有することが明確にされた後は、必要に応じてその一部に修正が加えられるなどして、国の行政機関による地方公共団体に対する技術的な助言の扱いとされています。

第５節　判例

判例とは、裁判の先例をいいますが、このうち最も権威のあるものが最高裁判所の判例であることはいうまでもありません（憲法第81条）。また、具体的な事案の処理に当たって、「判例」の有する拘束力は極めて大きいといえます。

なお、判例については、その変更が認められますが、最高裁判所判例の変更は大法廷により行わなければならないこととされています（裁判所法第10条第３号）。

日本国憲法

第八十一条　最高裁判所は、一切の法律、命令、規則又は処分が憲法に適合するかしないかを決定する権限を有する終審裁判所である。

裁判所法

（大法廷及び小法廷の審判）

第十条　事件を大法廷又は小法廷のいずれで取り扱うかについては、最高裁判所の定めるところによる。但し、左の場合においては、小法廷では裁判をすることができない。

三　憲法その他の法令の解釈適用について、意見が前に最高裁判所のした裁判に反するとき。

第３章　法秩序維持の原理

成文法国である我が国においては、法律関係は、ほとんどその全てが、所定の制定機関により制定された成文の法令等によって規律されています。

法が国家の統一的な意思の発現である以上、法令等の全体が統一的な体系・内容を有するものでなければなりません。他方、国家社会がその発展により複雑な構造を持つに至った今日、そこに生起する社会的事象も多種多様となり、これらに対応するために、法令等についても、様々なものが要求されることになります。

ところで、ある法律によれば禁止されている行為であるにもかかわらず、その行為が他の法律によれば認められるというようなことでは、国民は、どちらの法律を遵守したらよいのか迷うことになります。

このため、我が国の法体系は、国家の基本法である憲法を頂点とするピラミッド状を成す段階的なものとして構成されるとともに、これを秩序正しく維持するために、次のような原理が働くことになります。

1　所管事項の原理

所管事項の原理とは、法令等相互間の矛盾抵触を避けるために、法令等が、それぞれその種類に応じた受け持ちの分野、すなわち所管の範囲が定められているものとして、あらかじめ法令等相互間で矛盾抵触が生じないようにされていることをいいます。

2　形式的効力の原理

形式的効力の原理とは、前述の「１　所管事項の原理」の所管事項が競合する場合には、法令等の種類に応じ、その間に効力の上下の関係を認め、その上位のものは下位のものよりも強い効力があり、上位の法令等に違反する下位の法令等はその効力を有しないものとされることをいいます。

3　後法優先の原理

後法優先の原理とは、形式的効力の等しい法令等相互間で、矛盾抵触がある場合には、後から制定された法令等が前に制定された法令等に優先して適用されることをいい、「後法は前法を破る」ともいわれています。

後法優先！
後法
前法

4　特別法優先の原理

特別法優先の原理とは、形式的効力の等しい法令等が一般法と特別法との関係にある場合には、その制定の前後にかかわらず、まず、特別法が適用され、一般法は特別法に矛盾抵触しない限度において補充的に適用されることをいいます。

なお、一般法とは、ある事項について広く一般的に規定する法をいい、特別法とは、それと同じ事項について、特定の人・物・地域・場合・時間等を限定した適用関係について定める法をいいます。

したがって、特別法優先の原理は、後法優先の原理の例外を成すことになります。

そして、ある法の定めと対比して一般則であるものが、また別の法の定めと対比すると特則になるというような相関関係を成す場合もありますので、この特別法優先の原理は、相対的な原理であるといえます。

第４章　法令等の形式

法令等には、一定の形式があります。条・項・号、本文・ただし書、前段・後段、各号列記以外の部分、条文見出しなどで編成され、このような各部位の働き方についても様々な約束事があります。したがって、法令等の働きを的確につかむためには、法令等のそれぞれの部位の名称、配字の関係などの形式も正確に把握しておく必要があります。

〈例１〉法律の基本的な形式

本則

×××第一章×総則

×（目的）

第一条×この法律は、ものづくり基盤技術が国民経済において果×たすべき重要な役割にかんがみ、近年における経済の多様かつ構造的な変化に適切に対処するため、ものづくり基盤技術の振興に関する施策の基本となる事項を定め、ものづくり基盤技術の振興に関する施策を総合的かつ計画的に推進することにより、ものづくり基盤技術の水準の維持及び向上を図り、もって国民経済の健全な発展に資することを目的とする。

（第二条から第十七条まで　略）

×（意見の反映）

第十八条×国は、ものづくり基盤技術の振興に関する施策の適正×な策定及び実施に資するため、ものづくり基盤技術の関係者等の意見を国の施策に反映させるための制度を整備する等必要な施策を講ずるものとする。

附則

×××附×則

×この法律は、公布の日から起算して三月を超えない範囲内において政令で定める日から施行する。

別表・様式があるときは、附則の後に付けます。

署名
連署

大蔵大臣　宮澤　喜一
文部大臣　有馬　朗人
厚生大臣　宮下　創平
農林水産大臣　中川　昭一
通商産業大臣　与謝野　馨
運輸大臣　川崎　二郎
労働大臣　甘利　明
内閣総理大臣　小渕　恵三

省令では、この署名はありません。

公布文
×ものづくり基盤技術振興基本法をここに公布する。
×御　名　御　璽
××平成十一年三月十九日
×内閣総理大臣　小渕　恵三××

法律番号
法律第二号

題名
×××ものづくり基盤技術振興基本法

目次
目次
×前文
×第一章×総則（第一条―第八条）
×第二章×ものづくり基盤技術基本計画（第九条）
×第三章×基本的施策（第十条―第十八条）
×附則

前文
×ものづくり基盤技術は、我が国の基幹的な産業である製造業の発展を支えることにより、生産の拡大、貿易の振興、新産業の創出、雇用の増大等国民経済のあらゆる領域にわたりその発展に寄与するとともに、国民生活の向上に貢献してきた。
（途中　略）
×ここに、ものづくり基盤技術の振興に関する施策を総合的かつ計画的に推進するため、この法律を制定する。

〈例２〉条例の基本的な形式（横書き）

	公布文	×〇〇市行政手続条例をここに公布する。
	公布年月日	××平成〇年〇月〇日
	署名	〇〇市長　〇〇　〇〇××
	条例番号	〇〇市条例第〇号××
	題名	×××〇〇市行政手続条例
	目次	目次 ×第１章×総則（第１条―第４条） ×第２章×申請に対する処分（第５条―第11条） ×第３章×不利益処分 ××第１節×通則（第12条―第14条） ××第２節×聴聞（第15条―第26条） ××第３節×弁明の機会の付与（第27条―第29条） ×第４章・第５章×略 ×附則
本則	章名	×××第１章×総則
条	見出し	×（目的等）
項		第１条×この条例は、行政手続法（平成５年法律第×88号）第３条第２項において同法第２章から第５×章までの規定を適用しないこととされた処分、行×政指導及び届出に関する手続に関し、共通する事×項を定めることによって、市の行政運営における公×正の確保と透明性の向上を図り、もって市民の×権利利益の保護に資することを目的とする。
項	*第１条第２項*	２×前項に規定する処分、行政指導及び届出に関す×る手続に関しこの条例に規定する事項について、×他の条例に特別の定めがある場合は、その定める×ところによる。
条		×（定義） 第２条×この条例において、次の各号に掲げる用語×の意義は、当該各号に定めるところによる。
号	*第２条第１号*	×(1)×法令×法律、法律に基づく命令（告示を含む。）××及び条例等をいう。
		×(2)〜(4)×略
		×(5)×不利益処分×行政庁が、条例等に基づき、特××定の者を名宛人として、直接に、これに義務を

本則	条	号		××課し、又はその権利を制限する処分をいう。た ××だし、次のいずれかに該当するものを除く。
		号の細分	*第2条第5号ア*	××ア×事実上の行為及び事実上の行為をするに当 ×××たりその範囲、時期等を明らかにするために ×××条例等の規定上必要とされている手続として ×××の処分 ××イ・ウ×略 ××エ×許認可等の効力を失わせる処分であって、 ×××当該許認可等の基礎となった事実が消滅した ×××旨の届出があったことを理由としてされるも ×××の
				×(6)～(8)×略 ×(9)×届出×市長等に対し一定の事項の通知をする ××行為であって、条例等により直接に当該通知が ××義務付けられているものをいう。
	条		*第3条*	×（適用除外） 第3条×次に掲げる処分及び行政指導については、 ×次章から第4章までの規定は、適用しない。 ×(1)×議会の議決を経て、又は議会の同意若しくは ××承認を得た上でされるべきものとされている処 ××分 ×(2)～(9)×略 ×(10)×市が市以外の者に対して交付する補助金、負 ××担金、利子補給金（元利補給金を含む。）又は貸 ××付金に係る処分及び行政指導
				第4条～第7条×略 ×（理由の提示）
	条	本文	*第8条第1項本文*	第8条×行政庁は、申請により求められた許認可等 ×を拒否する処分をする場合は、申請者に対し、同 ×時に、当該処分の理由を示さなければならない。
		ただし書	*第8条第1項ただし書*	×**ただし**、条例等に定められた許認可等の要件又は ×公にされた審査基準が数量的指標その他の客観的 ×指標により明確に定められている場合であって、 ×当該申請がこれらに適合しないことが申請書の記 ×載又は添付書類その他の申請の内容から明らかで ×あるときは、申請者の求めがあったときにこれを ×示せば足りる。

本則		項	*第8条第2項*	2×前項本文に規定する処分を書面でするときは、×同項の理由は、書面により示さなければならない。
				第9条～第11条×略
			章　名	×××第3章×不利益処分
			節　名	××××第1節×通則
	条			×（処分の基準）
				第12条×行政庁は、不利益処分をするかどうか又は×どのような不利益処分とするかについてその条例×等の定めに従って判断するために必要とされる基×準（次項において「処分基準」という。）を定め、×かつ、これを公にしておくよう努めなければなら×ない。
				2×行政庁は、処分基準を定めるに当たっては、当×該不利益処分の性質に照らしてできる限り具体的×なものとしなければならない。
				第13条・第14条×略
				××××第2節×聴聞
	条			×（聴聞の通知の方式）
		項	各号列記以外の部分	第15条×行政庁は、聴聞を行うに当たっては、聴聞×を行うべき期日までに相当な期間を置いて、不利×益処分の名宛人となるべき者に対し、次に掲げる×事項を書面により通知しなければならない。
			各号　号	×(1)×予定される不利益処分の内容及び根拠となる××条例等の条項
			号	×(2)×不利益処分の原因となる事実
			号	×(3)×聴聞の期日及び場所
			号	×(4)×聴聞に関する事務を所掌する組織の名称及び××所在地
		項	*第15条第2項各号列記以外の部分*	2×前項の書面においては、次に掲げる事項を教示×しなければならない。
			第15条第2項各号	×(1)×聴聞の期日に出頭して意見を述べ、及び証拠××書類又は証拠物（以下「証拠書類等」という。）××を提出し、又は聴聞の期日への出頭に代えて陳××述書及び証拠書類等を提出することができるこ××と。 ×(2)×聴聞が終結する時までの間、当該不利益処分

本則		××の原因となる事実を証する資料の閲覧を求める ××ことができること。
項	*第15条第３項前段*	３×行政庁は、不利益処分の名宛人となるべき者の ×所在が判明しない場合においては、第１項の規定 ×による通知を、その者の氏名、同項第３号及び第 ×４号に掲げる事項並びに当該行政庁が同項各号に ×掲げる事項を記載した書面をいつでもその者に交 ×付する旨を当該行政庁の事務所の掲示場に掲示す ×ることによって行うことができる。
	第15条第３項後段	**この場合において**は、掲示を始めた日から２週間を経過したと ×きに、当該通知がその者に到達したものとみなす。
		第16条〜第34条×略
		×××第５章×届出
条		第35条×届出が届出書の記載事項に不備がないこと、 ×届出書に必要な書類が添付されていることその他 ×の条例等に定められた届出の形式上の要件に適合 ×している場合は、当該届出が条例等により当該届 ×出の提出先とされている機関の事務所に到達した ×ときに、当該届出をすべき手続上の義務が履行さ ×れたものとする。
附則		×××附×則
	附則第１項	×（施行期日） １×この条例は、平成○年○月○日から施行する。
		×（経過措置） ２×この条例の施行前に第15条第１項又は第28条の ×規定による通知に相当する行為がされた場合にお ×いては、当該通知に相当する行為に係る不利益処 ×分の手続に関しては、第３章の規定にかかわらず、 ×なお従前の例による。
		３×この条例の施行前に、届出その他条例等で定め ×る行為（以下「届出等」という。）がされた後一定 ×期間内に限りすることができることとされている ×不利益処分に係る当該届出等がされた場合におい ×ては、当該不利益処分に係る手続に関しては、第 ×３章の規定にかかわらず、なお従前の例による。

（備考）　附則は、項で構成するのが一般的ですが、条で構成されることもあります。

〈例３〉告示の基本的な形式

①　規程形式による告示

告示番号	○○市告示第○○号
告示文	×○○市工芸指導所研究生養成規程を次のように定める。
告示日	××令和○年○○月○○日
制定者職氏名	○○市長×○○○○××
題名	×××○○市工芸指導所研究生養成規程
本則	×（入所） 第１条×伝習生修了者又はこれと同等の経験を有する者で更 ×に専門技術を修得しようとするものは、○○市工芸指導所 ×に研究生として入所させる。 ×（定員及び研究期間等） 第２条×研究生の定員及び研究期間その他募集に関して必要 ×な事項は、公報をもって告示する。 ×（手当） 第３条×研究生に対しては、予算の範囲内で手当を支給する。 ×（その他） 第４条×研究生の入退所の手続については、所長が別に定め ×る。
附則	×××附×則 ×この告示は、令和○年○○月○○日から施行する。

（注）　附則中の「この告示は」を、「この規程は」と表記することもありますが、この場合の「規程」の実体は、飽くまで告示です。どちらを用いるかは、当該地方公共団体の「文書管理規程」等で、統一を図るべきです。

（備考）　告示は、原則として、告示した日から施行されるべきものですから、効力発生の日を告示日以外の日とする場合のほかは、施行日について規定しないことがあります。しかし、規程形式による告示においては、附則で施行日を規定しておくことが望ましいといえます。

②　規程形式によらない告示

告示番号	○○市告示第○○号
告示文	×次の区域の下水の処理を開始するので、下水道法（昭和33年法律第79号）第9条第2項で準用する同条第1項の規定に基づき、次のとおり告示し、関係図面を一般の縦覧に供する。
告示日	××令和○年○○月○○日
制定者職氏名	○○市長×○○○○××
	⑴　下水の処理を開始する年月日 令和○年○○月○○日 ⑵　下水の処理を開始する区域 ○○○○町、○○○小路の各一部及び○○○町の全部 ⑶　終末処理場の位置 ○○市○○○○町○○番地 ⑷　終末処理場の名称 ○○市下水道○○事業所 ⑸　下水の処理を開始しようとする排水施設の合流式又は分流式の別 合流式一部分流式 ⑹　関係図面の縦覧場所 ○○市建設部下水道管理課 ⑺　縦覧の開始期日 令和○年○○月○○日から 令和○年○○月○○日まで ただし、日曜日を除く。 ⑻　縦覧の時間 午前○○時から午後○○時まで ただし、土曜日は午後○○時○○分まで

（備考）　告示文は、告示の本体となる部分であり、根拠法令や処分の内容などを表示します。なお、告示の内容が多い場合は、制定者職氏名の次に箇条書や表の形式で告示内容を記載します。

第５章　法令等の動き

法令等の動きとしては、新規制定、一部改正、全部改正・廃止制定、廃止といったものがあります。

第１節　新規制定

新規制定とは、社会の変化に伴う新たな事実に対応するため、又は新しい政策を実現するために、新規の法令等を定めることをいいます。

第２節　一部改正

一部改正とは、社会の変化に伴う新たな事実に対応するため、又は新しい政策を実現するために、既存の法令等の一部分を改めることをいいます。

なお、法令の動き等としては、国の場合、毎年成立する法律の約８割がこの一部改正に当たります。地方公共団体の条例・規則も同様であるといわれています。

第３節　全部改正・廃止制定

1　全部改正

全部改正とは、既存の法令等の基本そのものは維持するとともに、その形式的な存続を図りながら、その具体的内容を全面的に改めることをいいます。

2　廃止制定

既存の法令等は一旦廃止することとし、代わりに新規の法令等を制定する形式をとって、既存の法令等の内容を全面的に改めることをいいます。「制定廃止」といわれることもあります。

「全部改正」と「廃止制定」

「全部改正」と「廃止制定」は、内容を全部取り替えるという意味では同じですが、その違いを知っておかなければなりません。形式面と内容面の両面からみておくことにします。

① 形式面では、全部改正は冒頭に（第１条の前に）「○○条例（平成○年A市条例第○号）の全部を改正する。」と制定文（全改文）を置きます。廃止制定は新しく制定した条例の附則に「○○条例（平成○年A市条例第○号）は、廃止する。」と廃止規定を置きます。

② 内容面では、制度そのものの基本は維持しつつ、具体的な規定を全面的に改めようとする場合は全部改正の方式、新旧両制度の継続性が薄いと考えられる場合は廃止制定の方式がとられています。

第４節　廃止

廃止とは、法令等を制定した目的が全て達成され、既存の法令等を必要のないものとして無くすることをいいます。

参考　〈「廃止」のパターン〉

「廃止」は、廃止するための法令等で廃止する場合と、新規制定や一部改正の法令等の附則で廃止する場合とがあります。

☆廃止するための法令等
×××○○法を廃止する法律
×○○法（平成○年法律第○号）は、廃止する。
×××附×則
×（施行期日）
１×この法律は、公布の日から施行する。
（以下　省略）

☆附則で廃止を規定する場合
×××○○に関する法律の一部を改正する法律
×○○に関する法律（平成○年法律第○号）の一部を次のように改める。
（略）
×××附×則
×（施行期日）
第１条×この法律は、公布の日から施行する。
×（○○法の廃止）
第２条×○○法（平成○年法律第○号）は、廃止する。
（以下　省略）

第６章　一部改正の効力発生の仕組み

第１節　一部改正の方式

法令等の動きについては、第５章で述べたとおりですが、その中でも、取り分け一部改正は、複雑で、その内容としては、既存の法令等の内容の一部分を改め、追加し、削除するなど複雑な動きがあります。それだけに、正確に動かすためのルールが取り決められているわけです。そして、その一部を改正する法令等は、それが成立し、施行された時点で、その改正法令等の内容が改正の対象となった既存の法令等の内容に溶け込んでいく方式「溶け込み方式」と、既存の法令等に対して次々に積み重ねられていく方式「積み重ね方式」との二とおりがあります。

溶け込み方式

外国では、「積み重ね方式」を採用している例がありますが、我が国の場合、原則として全て「溶け込み方式」により、一部改正が行われることになっています。

積み重ね方式

第2節　「溶け込み方式」による場合

1　一部改正法令の法令番号と、その附則の性格

既存の法令等の一部を改正する法令等の本則（実体的部分）は、その溶け込みが終わるまでの一時的なものですが、それ自体としては、「○○法の一部を改正する法律」というような独自の題名を持つ独立した一つの法令等であって、その改正対象とされた法令等とは別にその独自の法令番号を持っています。例えば、「○○法の一部を改正する法律」は、本体の『○○法（平成○年法律第○号）』とは別個の法律番号《平成×年法律第×号》を持っているわけです。

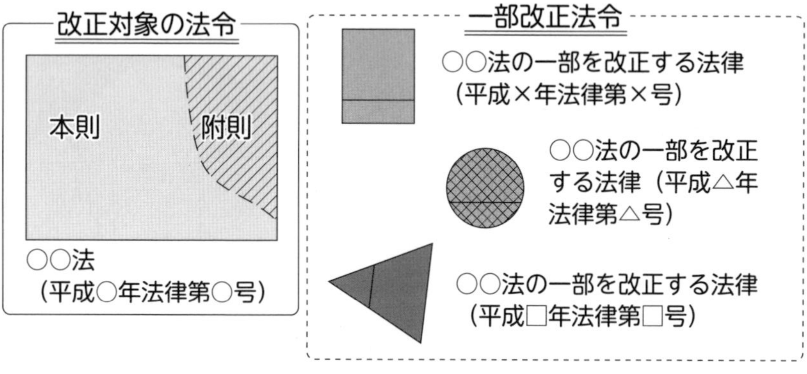

ただ、この「○○法の一部を改正する法律（平成×年法律第×号）」という本則部分の具体的内容は、その施行とともに、元の○○法に溶け込み、後には、その改正法令の附則の部分だけが残ります（ただし、附則中の規定でも、他の法令等の一部改正を行うものは、その法令等の施行により、その改正規定が当該他の法令等の規定に溶け込むことになります。このため、附則で他の法令等の改正を行うことは、本則

による一部改正の場合と同様になります。)。そして、この附則は、依然として「○○法の一部を改正する法律（平成×年法律第×号)」という法律の附則なのです。そこで、依然として残っているこの附則の規定の一部を改正しようとする場合は、その法律の題名は、「○○法の一部を改正する法律の一部を改正する法律」というややこしいものになります。

また、その法律の附則は「○○法の一部を改正する法律の一部を改正する法律（平成△年法律第△号)」の附則として、後まで残ることになります。

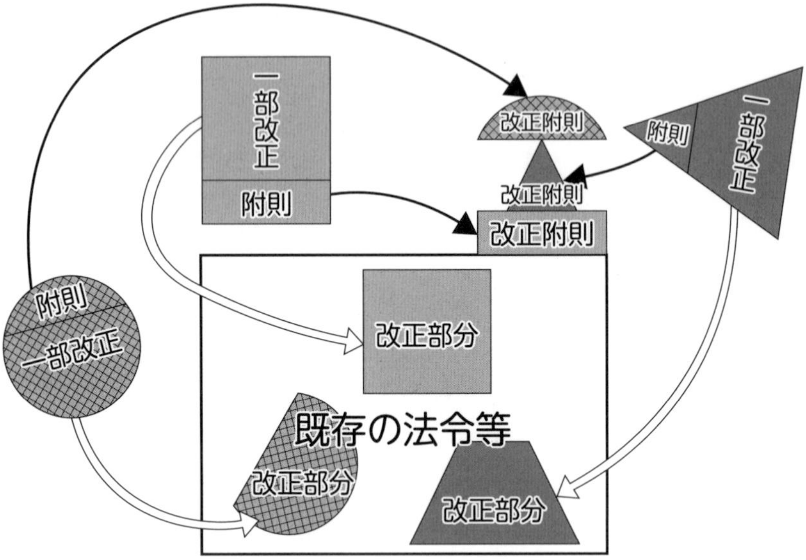

2　一部改正法令の附則の実効性と、法令集での収録方法

「○○法の一部を改正する法律（平成×年法律第×号）」の附則や「○○法の一部を改正する法律の一部を改正する法律（平成△年法律第△号）」の附則は、前述の１に述べたような性格のものですが、実質的には、本体の「○○法（平成○年法律第○号）」の一部を成すものといえます。したがって、法令集などでは、一部改正法令の附則（改正附則）は、その公布の順に従って、制定当時に付された附則（制定附則）の次に積み重ね方式で収録されています。

また、「○○法の一部を改正する法律（平成×年法律第×号）」の附則や「○○法の一部を改正する法律の一部を改正する法律（平成△年法律第△号）」の附則は、本体の「○○法」が廃止されたり、全部改正された場合には、これらの一部改正法律についてまでわざわざ廃止するという措置をとらなくても、本体の「○○法」とともに無くなるものとして扱われています。

第２編　法令等の生成循環過程

法令等は、社会の変化に応じ、刻々と動いています。その動きは、次のような過程を経るといえます。

① 社会の変化という現象が発生する。

② この現象に対応するための政策を形成する。

③ 政策の選択に基づいて必要な措置を講ずる。

④ その措置の社会への適応状況を見極める。

⑤ 更に社会の変化という現象が発生する。

⑥ ②から⑤までを繰り返す。

このことを「法令等の生成循環過程」といい、図示すると次のようになります。

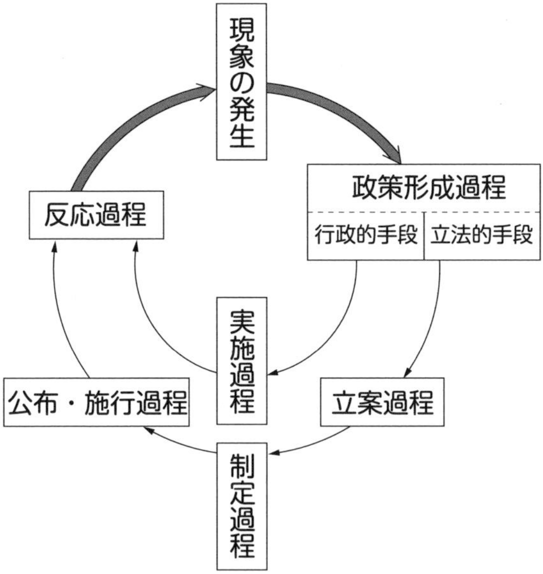

第１章　現象の発生

社会の変化に応じて、行政措置が必要とされるような現象（空き缶の散乱、大気・水の汚染、職場での事務服の要求等）が発生した場合に、

①　執行機関
②　議会
③　職員団体
④　マスコミ
⑤　住民団体

などから、その措置の具体化の要求があります。

このときの担当課の対応としては、

①　現象の実態を的確に把握すること。
②　発生の原因を徹底的に究明すること。
③　規制の必要の有無を検討すること。

が肝要です。

第２章　政策形成過程

政策形成過程の段階では、現象の発生の段階でなされた措置の具体化の要求に対して、その解決方法として、どのような手段を採るのが最善であるかを検討します。この検討の過程を、「政策形成過程」といいます。例えば、次のような手段と検討内容が考えられます。

第１節　行政的手段による場合

行政的手段を選択するかどうか、次のような事項を検討します。

①　税制面で優遇を図れば解決しそうか。

②　ボランティア活動を助成すれば解決しそうか。

③　広報誌などによるPR活動で解決しそうか。

④　①〜③を実現するための予算措置は講じられるか。

第２節　立法的手段による場合

立法的手段を選択するかどうか、次のような事項を検討します。

①　立法による規制を必要とするか。

②　立法による規制の実効性があるか。

③　立法による規制に正当性があるか。

④　既存の法令等との整合性はどうか。

⑤　罰則を設ける必要があるか。

第３章　立案過程

立案過程は、政策形成過程で立法的手段を採ることとした場合、立法するための案文を作成する段階ですが、案文の作成に当たっては、内容と形式の両面にわたって十分に検討吟味することが肝要です。

1　内容面の検討

内容の面においては、「規定しようとする実体関係について検討」し、「憲法を始めとする基本的な法令との関係はもちろん、その実体に関わる分野の法令との関係についても吟味」し、「関連すると考えられる行政実務の慣行、判例、学説などを調査」し、次に掲げる要請に応えられるものとしなければなりません。

①　立案内容が、法規範として妥当なものであり、法に適する強要性を有するものであること（立案内容を実現するための強力な武器として、罰則を設けることが許されるかどうか、また、設けるべきであるかどうかの検討）。

②　立案内容が、遵守されることを期待でき、その法の内容を実現し得るだけの実効性を有すること。

③　立案内容が、個人の尊重と社会全体の福祉と調和したものであるか、公正な権力の行使に当たるものであるかなどの観点から見て正当性を有するものであること。

④　立案内容が、実定法全体の階層的な構造の中で他の法令等との間に協調を保ち（法秩序維持の原理に基づいたものであり）、全体として統一整序された体系を形成するものであること。

参考　〈罰則について〉

ⅰ）罰則の意義

罰則とは、ある法令に規定する義務に対する違反があった場合に、その違反者に相当の罰が科せられるべきことを予告するとともに、現実にその違反が生じた場合にその予定された罰を科する旨を定める規定をいい、法令の実効性を確保する手段として設けられるものです。

法令の実体的規定には、国民（住民）に対して義務を課することを定めたものがたくさんあります。しかし、法令で一定の作為又は不作為を義務付けても、それが守られず、違反状態が放置されることになれば、その法令を制定した意義はなくなり、ひいてはその法令に対する信頼を失わせ、国民（住民）の遵法精神に悪影響を与えるというような種々の弊害が生ずることになります。

このため、法令においては、罰則を設けて、義務違反の発生を一般的に予防するとともに、その義務違反が現実に発生した場合には、あらかじめ定められた制裁を加えることとするわけです。

ⅱ）罪刑法定主義

罰則は、法律で定めるのが原則とされており（憲法第31条）、政令その他の命令には、法律の委任がなければ、罰則を設けることができません（法律の政令への委任―憲法第73条第６号ただし書）。ただ、地方公共団体の条例及び規則については、憲法第94条の規定により地方公共団体の条例制定権が認められていることから、地方自治法第14条第３項及び第15条第２項に特別の規定があり、相当包括的に罰則の設定が委任されています。すなわち、罰則は、それが法律で定められる場合は別として、法律以外の命令又は地方公共団体の条例若しくは規則で罰則を定める場合には、法制上の制約があることに十分注意しなければなりません。

iii）条例において規定する罰則

区分		内容等
原則	法令に「特別の定め」がない場合	地方自治法第14条第３項の規定により条例で定めることのできる刑又は罰の種類と程度 ①　懲役・禁錮（いずれも１月以上２年以下） ②　罰金（１万円以上100万円以下） ③　拘留（１日以上30日未満） ④　科料（1,000円以上１万円未満） ⑤　没収（犯罪行為に関係した物） ⑥　過料（５万円以下）
特例	法令に「特別の定め」がある場合	法令に「特別の定め」がある場合とは、次の場合です。このような場合には、当然、その「特別の定め」に従わなければなりません。 ①　法令が、条例で罰則を設けることを禁止している場合（明文のない場合でも、解釈上禁止しているとみなされる場合もあります。） ②　法令において条例で規定すべき罰則として、地方自治法第14条第３項で定める原則以外の過料を科する等、罰の種類を特定する規定を設けている場合 ③　条例で刑罰を科することができる限度について特別の定めがある場合 ④　法令において、条例の制定を予定し、条例に違反した場合の罰則をその法令で定めている場合

iv）規則において規定する罰則

区分		内容等
原則	法令に「特別の定め」がない場合	地方自治法第15条第２項の規定により規則で定めることのできる罰と程度 過料（５万円以下）
特例	法令に「特別の定め」がある場合	規則の罰則についても、条例の場合と同じように、法令に「特別の定め」がある場合は、その「特別の定め」に従わなければなりません。「特別の定め」がある場合

		とは、次の場合です。 ①　法令が、過料の最高限度額について特別の定めを設けている場合 ②　法令において、規則中に規則違反者に対し刑罰規定を設けるべきことを定めている場合 ③　法令において、規則違反者に対する刑罰をその法令で定めている場合

v）罰則立案上の留意事項

1	罰則の必要性	罰則を立案する場合には、次の点について、慎重に検討しなければなりません。 ①　違反行為に対して、直接罰則を適用することとするか。 ②　違反状態を是正するため、まず指示・措置命令などに関する規定を設け、これらの命令に対する違反行為に対して罰則を適用することとするか。 ③　訓示規定にとどめ、罰則を設けないこととするか。
2	法令に「特別の定め」があるかどうか	設けようとする罰則について、法令に「特別の定め」がある場合には、その「特別の定め」に従わなければなりません。
3	刑の程度	国の法律や他の地方公共団体の条例・規則の罰則との均衡などを考慮しながら、その処罰の程度が、その違反行為の反社会性・可罰性の程度に応じた妥当なものかどうかを検討しなければなりません。
4	立法技術上必要な事項	次のような立法技術上の検討も併せしなければなりません。 ①　罰則規定には、犯罪構成要件が明確に示されているか。 ②　罰則規定の配列※などは、適切か。

※　罰則立案上の留意事項

罰則規定の配列は、法定刑の同じ罪ごとに条に分け、その重いものから順次軽いものへと並べ、同じ条項中で二つ以上の実体規定の条名等を引用するときは、条名等の順序に従ってその番号の小さいものから引用するのが原則です。

2　形式面の検討

形式の面においては、次の事項に留意しなければなりません。

①　規定すべき内容にかなった表現を用いること。

②　立法意図が正確に分かるような表現を用いること。

③　分かりやすい表現を用いること。

3　案文の作成作業手順

案文の作成に当たっては、次のような順序で作業を進めていくのがよいと思われます。

①　案に盛り込むべき内容を、思い付いたことから次々に1事項ずつ、それぞれ1枚の短冊に書いていく。

②　書きながら、自分でも解釈をする。

③　それぞれの短冊をグループごとに分ける。

④　案に盛り込むべき内容について、グループごとに位置付けをする。

⑤　表現の調子を統一する。

第３章　立案過程

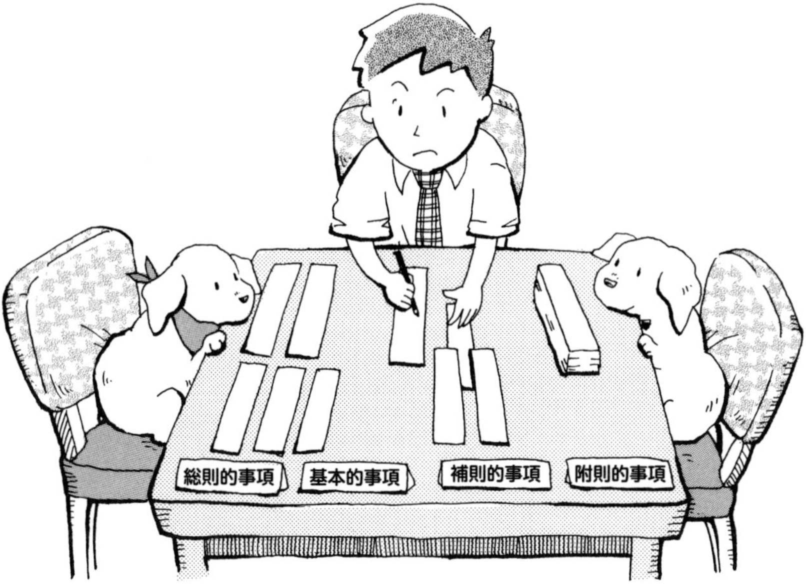
総則的事項
基本的事項
補則的事項
附則的事項

参考　〈解釈方法について〉

法令等の解釈には、次のような解釈方法があります。政策集団かつ実践集団の一員としては、これらの解釈方法を駆使して、議論を展開することにより、より良い政策の実現と実践を図ることができるようになります。

また、論議を尽くす過程で、理論武装もなされるといえるでしょう。

ⅰ）法規的解釈　法令等に用いられている用語等について疑義が生じないように、その法令等で定義規定を設ける等して、その解釈を示す解釈方法

ⅱ）学理的解釈　法規的解釈のように、法令等そのもので解釈を示すのではなく、学理によって解釈する解釈方法

⑴　文理解釈　法文の文言や文章の意味するところに従って解釈する解釈方法

⑵　論理解釈　法文の文言の意味するところよりも道理に重点を置いて解釈する解釈方法

ア　拡張解釈　法文の文言を普通に用いられるよりも、若干拡張して解釈する解釈方法

イ　縮小解釈　法文の文言を普通に用いられるよりも、狭く解釈する解釈方法

〔拡　張〕
馬と書いてあるが牛まで広げて解釈した方がよいだろう
〔縮　小〕
自転車やうば車まで通行止めではなかろう
〔類　推〕
こちらの橋も前の橋と同じようだから車や馬は通行止めだろう
車馬通行止め

ウ　類推解釈　類似の事柄について規定のあるものとないものとがある場合、規定のないものについて、規定のあるものと同旨の解釈をする解釈方法

エ　反対解釈　法文で規定されている事項を基に、その逆の事項については逆の効果が生ずる趣旨を含むものと解釈する解釈方法

オ　変更解釈　法文の文言を変更すべきであるという判断の下に、本来それが意味するところよりも、別の意味に解釈する解釈方法

カ　もちろん解釈　法令の立法目的、趣旨等から見て、規定がなくても当然のこと、もちろんのことであると解釈する解釈方法

第4章　制定過程

法令等は、一定のルールに基づいた手続がとられること、すなわち、適格な制定権者の制定行為によって、法令等として確定したものになります。

法令等の種類により、そのルールも異なりますが、憲法（改正憲法）、法律、条例について図示すると、おおむね次のようになります。

憲法の改正については、各議院の総議員の3分の2以上の賛成をもって、国会が発議し、国民に提案してその承認を経なければならない（憲法第96条第1項）こととされています。そして、この承認には、国民の過半数の賛成が必要です。これまで憲法の改正がなされたことはありませんが、その発議に係る手続及び国民の承認に係る投票に関する手続については、法律で定められており（日本国憲法の改正手続に関する法律）、改正の際は、この法律に従って、手続がとられることとなります。

日本国憲法

第九十六条　この憲法の改正は、各議院の総議員の三分の二以上の賛成で、国会が、これを発議し、国民に提案してその承認を経なければならない。この承認には、特別の国民投票又は国会の定める選挙の際行はれる投票において、その過半数の賛成を必要とする。

日本国憲法の改正手続に関する法律

（趣旨）

第一条　この法律は、日本国憲法第九十六条に定める日本国憲法の改正（以下「憲法改正」という。）について、国民の承認に係る投票（以下「国民投票」という。）に関する手続を定めるとともに、あわせて憲法改正の発議に係る手続の整備を行うものとする。

〈改正憲法の制定過程〉

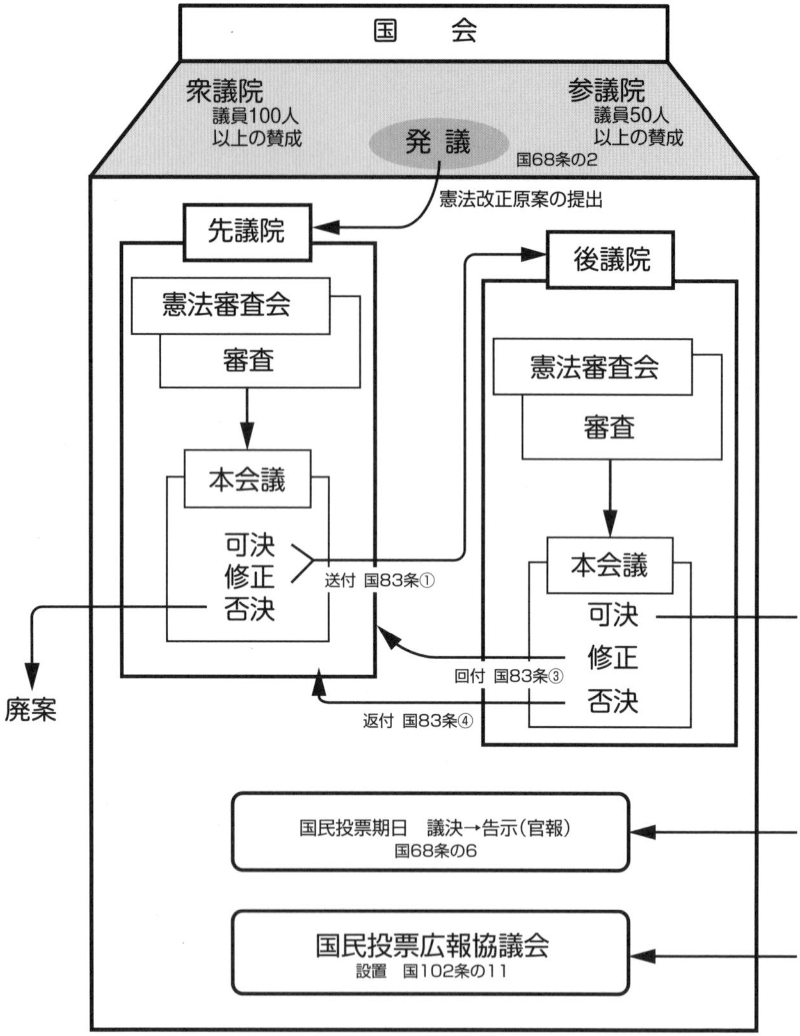
国　会
衆議院
議員100人以上の賛成
参議院
議員50人以上の賛成
発　議
国68条の2
憲法改正原案の提出
先議院
憲法審査会
審査
本会議
可決
修正
否決
送付 国83条①
廃案
後議院
憲法審査会
審査
本会議
可決
修正
否決
回付 国83条③
返付 国83条④
国民投票期日　議決→告示(官報)
国68条の6
国民投票広報協議会
設置　国102条の11

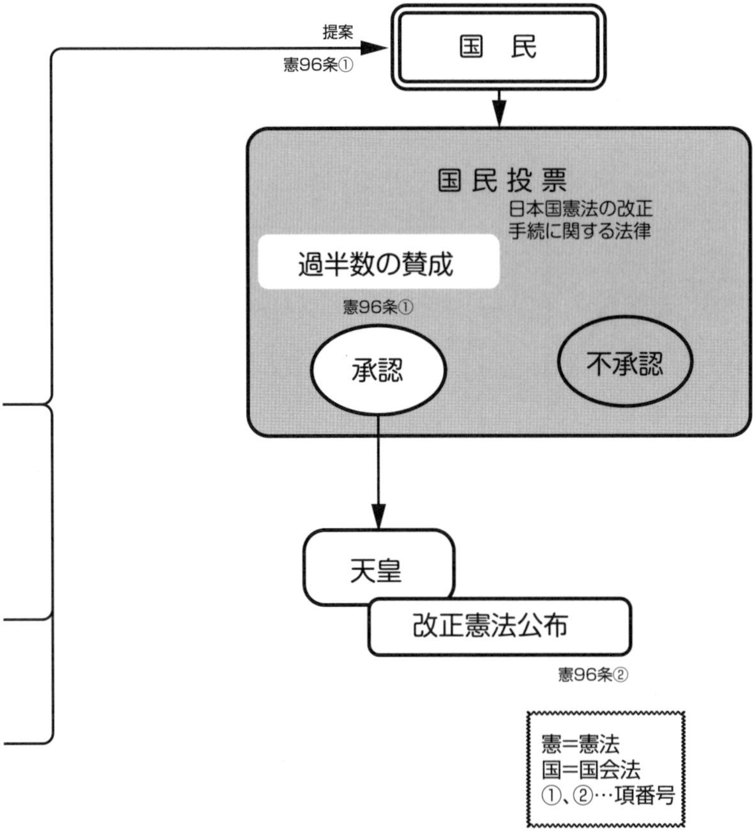
提案
憲96条①
国　民
国民投票
日本国憲法の改正
手続に関する法律
過半数の賛成
憲96条①
承認
不承認
天皇
改正憲法公布
憲96条②
憲=憲法
国=国会法
①、②…項番号

〈法律の制定過程〉

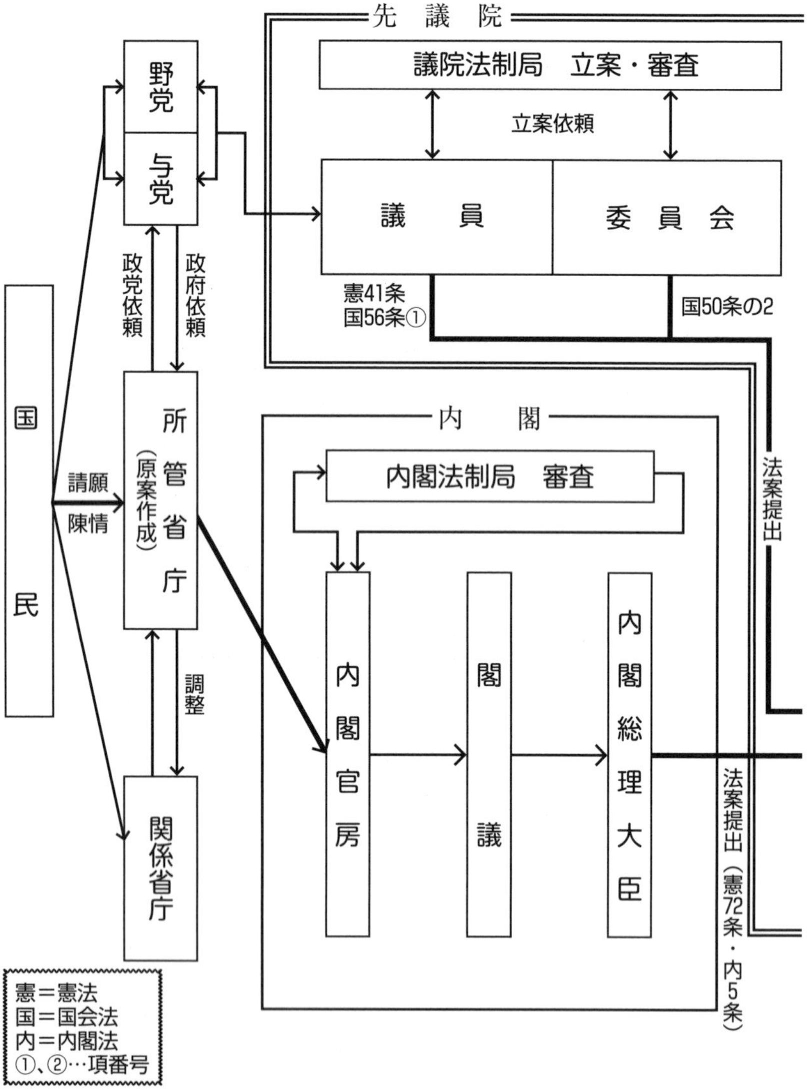

（注）後議院については、本会議の関係だけを掲げています。

〔国会（衆議院・参議院）〕

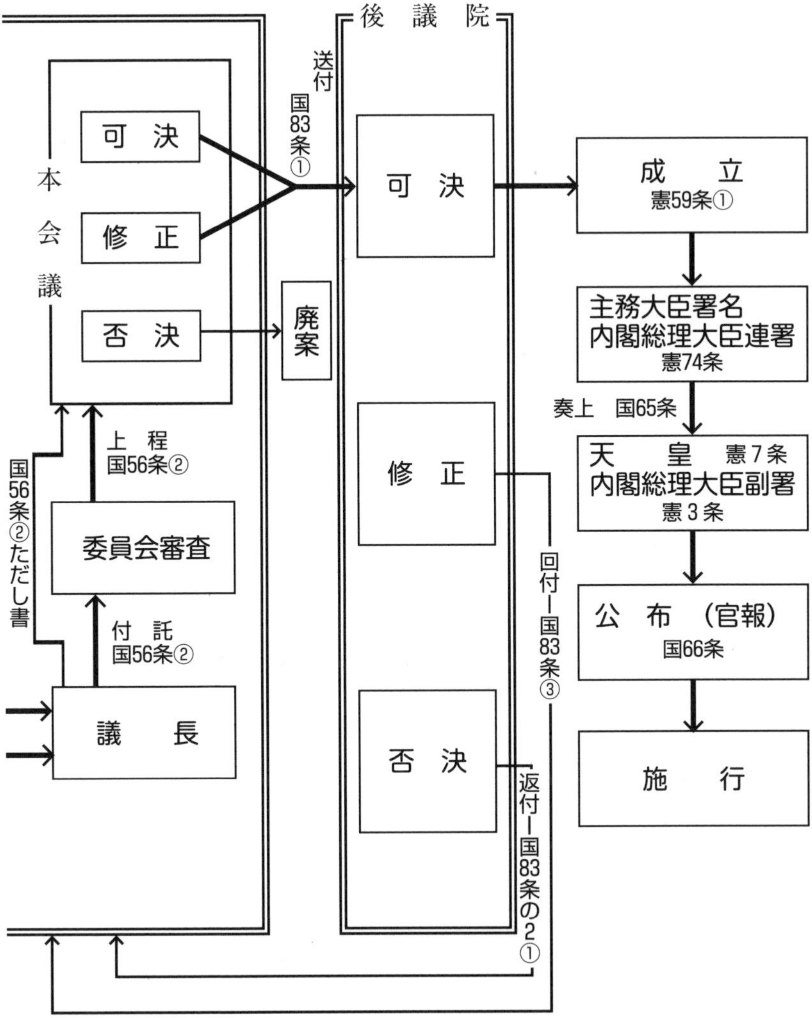
後　議　院
本会議
可　決
修　正
否　決
送付
国83条①
廃案
上　程
国56条②
委員会審査
付　託
国56条②
国56条②ただし書
議　長
可　決
修　正
否　決
回付ー国83条③
返付ー国83条の2①
成　立
憲59条①
主務大臣署名
内閣総理大臣連署
憲74条
奏上　国65条
天　皇　憲7条
内閣総理大臣副署
憲3条
公　布　（官報）
国66条
施　行

〈条例の制定過程〉

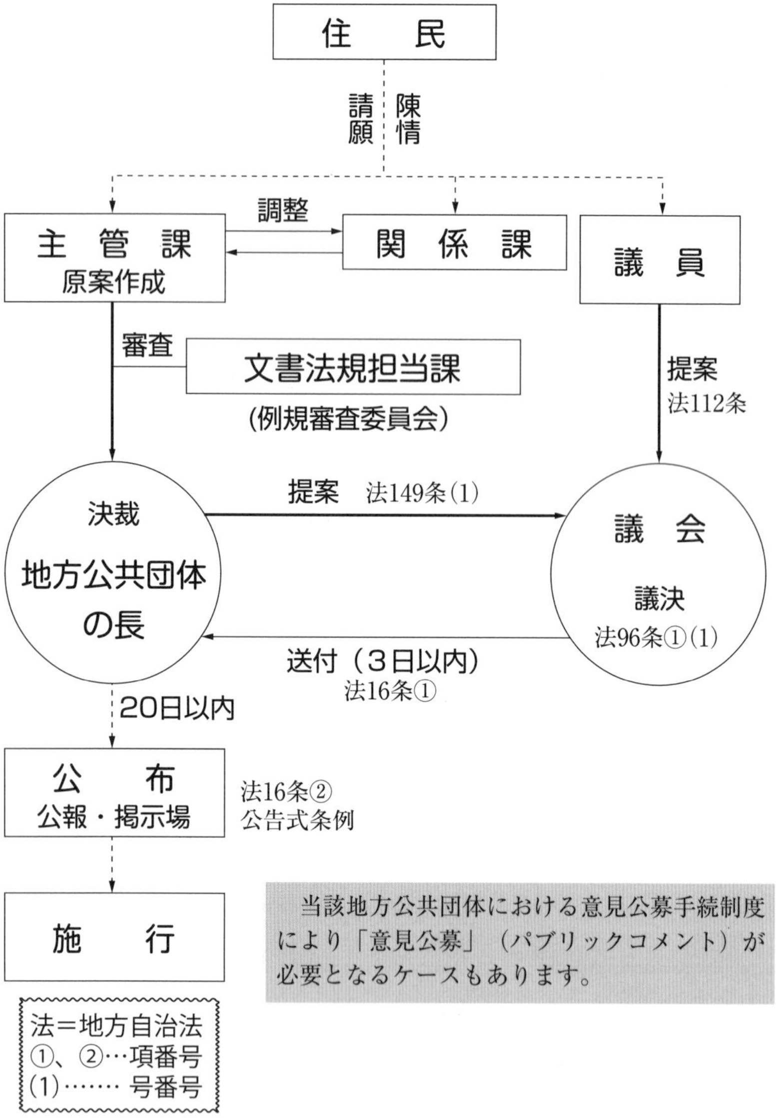

当該地方公共団体における意見公募手続制度により「意見公募」（パブリックコメント）が必要となるケースもあります。

第５章　公布・施行過程

制定された法令等は、「公布」という公示行為によりその内容について国民（住民）に対する周知が図られるとともに、原則として一定期間を置いて「施行」されることにより、その規律しようとする事象について現実に効力を発揮していくことになります。

第１節　法令等の公布

法令等の「公布」とは、適式に成立した法令等の内容を国民（住民）一般に周知させる目的で当該法令等を公示する行為をいいます。

法令等は、社会生活の規範として一般国民（住民）にその遵守を要求する強い規範力を有するものですから、その内容も分からないまま一般国民（住民）がその遵守を要求されるというのでは、一般国民（住民）の法的生活の安定性が害されることになるのはいうまでもありません。したがって、法令等が現実にその効力を発動するためには、まず、その内容が一般国民（住民）に知らされる必要があり、この一般国民（住民）に対する周知を図るための手続が「公布」という手続です。

なお、法令等の公布は、国の法令については、特に法令の定めはありませんが、国の法令の公布は「官報」に掲載することによって行われており、地方公共団体の条例の公布は地方自治法第16条第４項の規定に基づく当該地方公共団体の「公告式条例」の定めるところにより「公報」に掲載し、又は「掲示場」に掲示することによって行われます。

区分	法令等の定め	公布の方法
国の法令	特になし	「官報」に掲載
地方公共団体の条例	当該地方公共団体の「公告式条例」	「公報」に掲載、「掲示場」に掲示など

地方自治法

第十六条

④　当該普通地方公共団体の長の署名、施行期日の特例その他条例の公布に関し必要な事項は、条例でこれを定めなければならない。

第２節　法令等の施行

１　施行

法令等の「施行」とは、法令等が「現実にその効力を発動する」ことにほかなりません。したがって、法令等が「施行」されるためには、その「公布」が「施行」の必要不可欠な前提条件となります。そして、法令等は公布されなければ効力を生じないということは、法令上明文の規定があるわけではありませんが､判例法上確立しているところで、最高裁判所も、「成文の法令が一般的に国民に対し現実にその拘束力を発動する（施行せられる）ためには、その法令の内容が一般国民の知りうべき状態に置かれることが前提要件とせられるのであつて、このことは、近代民主国家における法治主義の要請からいつて、まさにかくあるべきことといわなければならない」（昭和32年12月28日判決）と判示しています。

２　適用

法令等の「適用」とは、法令等又は法令等の規定を個別具体的に当てはめることをいいます。

「適用」が問題となるのは、通常、一部改正法令の場合です。というのは、一部改正法令の場合は、改正された規定が個々の事象に対してどのように適用されるかを明らかにする必要がある場合（経過措置を定める必要のある場合）が多いからです。この場合、当該法令等の施行の日前に遡って適用すること（遡及適用）については、そうすることが国民の権利義務に影響しない場合又は国民の利益になる場合に限られます。国民の権利や利益を侵害するような遡及適用は行われるべきではありませんし、まして、刑罰法規の遡及適用が許されないことはいうまでもありません（憲法第39条）。

これに対して、全部改正の場合は別として、新規制定法令の場合、法令中の特定の規定の適用を遅らせたいというのであればその規定の施行時期を遅らせればよいわけです。また、ある規定の適用関係について特段の定めを要することもそれほど多くはないので、このような特段の定めもない新規制定法令は、その「施行」により、一般的に効力を発動する、すなわち全面的に「適用」されるということになります。

日本国憲法

第三十九条　何人も、実行の時に適法であつた行為又は既に無罪とされた行為については、刑事上の責任を問はれない。又、同一の犯罪について、重ねて刑事上の責任を問はれない。

第６章　反応過程

広く一般に周知され、施行された法令等による規制及び実施された行政行為であっても、必ずしも、その全てが国民（住民）に受け入れられ、永遠に存続するものとは限りません。

そして、更に社会情勢の変化等により、いろいろな反応現象が生じてくると、これを「現象の発生」として位置付けて、対応していくことが必要です。

第３編　法令等の構成及び表現

第３編　法令等の構成及び表現

法令等は、社会生活の規範として、国民（住民）にその遵守を要求する強い力を有するものです。したがって、法令等の内容は、国民（住民）一般によく周知され、かつ、国民（住民）によって正確に理解されるものでなければなりません。このために、法令等の構成及び表現並びにその効果の発生の仕方などについて、詳細なルールが定められています。

第1章　法令等の構成

法令等は、おおむね、総則的事項、基本的事項（実体的規定）、雑則・補則的事項、罰則、附則的事項、別表、様式の順で構成されます。

第1節　総則的事項

1　目的に関する規定又は趣旨に関する規定

⑴　目的に関する規定

その法令等がどのような目的で制定されたものかを簡潔に表すものです。

―――――　参考例

（目的）
第1条　この条例は、実施機関における個人情報の適正な取扱いに関し必要な事項並びに保有個人情報の開示、訂正及び利用停止を請求する権利を定めることにより、市政の公正かつ民主的な運営を図りつつ、個人の権利利益を保護することを目的とする。

⑵　趣旨に関する規定

その法令等がどのような事項を規定したものかを簡潔に表すものです。

――――― 参考例

（趣旨）

第１条　この条例は、災害対策基本法（昭和36年法律第223号）第23条第７項の規定に基づき、○○市災害対策本部（以下「本部」という。）に関し必要な事項を定めるものとする。

2　定義に関する規定

解釈上生起する疑義を少なくするために、その法令等の中で中心的な役割を果たす語句又は罰則と連動する語句が法令用語以外の一般的語句の場合、その語句がどのような意味で用いられているのかを明らかにするためのものです。

――――― 参考例

（定義）

第２条　この条例において、次の各号に掲げる用語の意義は、当該各号に定めるところによる。

⑴　市長等　市長その他の執行機関その他法令又は条例等に基づき処分権限を有する機関及びこれらの機関から処分権限の委任を受けた機関をいう。

⑵　法令　法律及び法律に基づく命令（告示を含む。）をいう。

3　適用範囲に関する規定

その法令等の規定が、ある範囲に限定して適用されるような場合に、その範囲を明らかにしておくためのものです。

―――― 参考例

> （適用範囲）
> 第２条　この規程は、局に勤務する職員のうち、地方公営企業法（昭和27年法律第292号）第15条第１項に規定する企業職員（臨時雇用者を除く。以下「職員」という。）について適用する。

> （適用除外）
> 第３条　この条例は、次に掲げる文化財については、適用しない。
> ⑴　法の規定により指定された重要文化財、重要無形文化財、重要有形民俗文化財、重要無形民俗文化財及び史跡名勝天然記念物
> ⑵　県条例の規定により指定された○○県指定重要有形文化財、○○県指定重要無形文化財、○○県指定重要有形民俗文化財、○○県指定重要無形民俗文化財及び○○県指定史跡名勝天然記念物

4　解釈・運用上の指針に関する規定

その法令等の解釈・運用に当たって、基本的な指針を与えておいた方がよいような場合に、それを明らかにするためのものです。

―――― 参考例

> （この条例の解釈及び運用）
> 第３条　実施機関は、この条例の解釈及び運用に当たっては、公文書の開示を請求する権利を十分に尊重するとともに、個人に関する情報がみだりに公にされることのないよう最大限の配慮をしなければならない。

第２節　基本的事項——実体的規定

基本的事項、つまり実体的規定は、原則として、次のような観点で配列します。

①　基本的な事項から始め、順次、派生する事項を配列する。

②　法令等の制定趣旨の観点から、重要性の度合いに応じて配列する。

実際に、案文を作成するに当たっては、実体的規定を①、②の原則をにらみながら配列するわけですが、どうしても主観が入りやすいところです。そこで、立案者は、その配列について、常に自分自身が論理的に配列したという自信を持って説明できるということが大切です。

具体的なケースを考えてみましょう

例えば、ある市において、「通勤手当に関する規則」を立案するとします。この場合において、次のAからDまでの通勤方法が考えられます。

A　自動車で通勤する場合

B　自転車で通勤する場合

C　徒歩で通勤する場合

D　電車で通勤する場合

この四つの通勤方法について、それぞれ単独の条文構成としたい場合、その配列は、どのような順序が正しいでしょうか。

立案者は、課長、係長と話し合うことにしました。それぞれの意見とその理由をまとめると、次のようになりました。

	意　　見	理　　由
課　長	第3条—C（徒歩） 第4条—B（自転車） 第5条—A（自動車） 第6条—D（電車）	通勤距離を考え、短いものから配列した。
係　長	第3条—D（電車） 第4条—A（自動車） 第5条—B（自転車） 第6条—C（徒歩）	まず、公的交通手段を前に並べ、私的交通機関を末尾に配列した。
立案者	第3条—A（自動車） 第4条—B（自転車） 第5条—D（電車） 第6条—C（徒歩）	当市において、利用者の多いものから配列した。

三者の意見は、それぞれに一理あるものと思われます。このように、市（町村）における状況にもよりますが、いろいろな意見が成り立つわけです。立案者としては、立案についての理由付けを明確に持つことが肝要です。そして、最終的に、一つの意見に集約することになりますが、その場合、出された意見の中で、少しでも変動要素の少ない理由のものを採用したらよいといえます。

通勤距離の短い順
徒歩→自転車→自動車→電車

課長

利用実態の多い順
自動車→自転車→電車→徒歩

立案者

公的、私的の交通手段の順
電車→自動車→自転車→徒歩

係長

第３節　雑則・補則的事項

実体的規定を補足する規定及び手続に関する規定などがあります。

１　立入検査に関する規定

※立法趣旨との関連により、「消防法」のように、立入検査に関する規定が実体的規定の始めに位置付けられることもあります。

――――― 参考例

（立入検査）

第30条　市長は、法第19条第１項に定めるもののほか、この条例の施行に必要な限度において、その職員に、必要と認める場所に立ち入り、廃棄物の減量及び適正処理並びに生活環境の清潔保持に関し帳簿書類その他の物件を調査させることができる。

２　前項の規定により立入検査を行う職員は、その身分を示す証明書を携帯し、関係人にそれを提示しなければならない。

３　第１項の規定による立入検査の権限は、犯罪捜査のために認められたものと解釈してはならない。

２　不服審査に関する規定

――――― 参考例

（審査の申立て）

第14条　実施機関の行う公務上の災害又は通勤による災害の認定、療養の方法、補償金額の決定その他補償の実施について不服がある者は、附属機関の設置に関する条例第２条に規定する○○県公務災害等補償審査会（以下「審査会」という。）に対し、審査を申し立てることができる。

3　助成に関する規定

——————参考例

（助成）
第28条　市長は、第12条に規定する事業について、その経費の一部を予算の範囲内において個人又は団体に助成することができる。

4　下位法令等への委任に関する規定

——————参考例

（委任）
第16条　この条例に定めるもののほか、この条例の施行に関し必要な事項は、規則で定める。

第４節　罰則

※罰則の意義、立案上の留意事項については、第２編第３章（立案過程）65ページ参照。

―――――― 参考例

（罰則）

第17条　第５条第１項の規定による市長の命令に違反した者は、50万円以下の罰金に処する。

第18条　次の各号のいずれかに該当する者は、30万円以下の罰金に処する。

⑴　第10条第１項又は第２項の規定に違反した者

⑵　第12条の規定により許可に付けられた条件に違反した者

（両罰規定）

第20条　法人の代表者又は法人若しくは人の代理人、使用人その他の従業者が、その法人又は人の業務又は財産に関して前３条の違反行為をしたときは、行為者を罰するほか、その法人又は人に対しても、各本条の罰金刑を科する。

参考　〈両罰規定について〉

両罰規定とは、ある犯罪が行われた場合に、行為者本人のほかに、その行為者と一定の関係にある他人（法人を含む。）に対して刑を科する旨を定めた規定をいいます。

なお、秩序罰である「過料」は、もともと法人又は自然人（人間）を対象とした金銭罰であり、刑罰としての罰金や科料とは異なるので、両罰規定は必要のないものです。

第５節　附則的事項

附則は、本則と同様に、かなり重要な内容を規定するものです。このため、その立案に当たっては、十分な配慮が必要です。また、法令等の解釈・運用に当たっては、本則よりもむしろ附則の方を先に読み、理解するように心掛ける必要があります。

１　施行期日に関する規定

附則の冒頭に施行期日を定める規定を置くのが通例です。

法律は、「公布の日から起算して20日を経過した日から施行する」（法の適用に関する通則法第２条）こととされ、条例及び規則は、「公布の日から起算して10日を経過した日」（地方自治法第16条第３項及び第５項）から施行することとされていますが、施行期日の周知徹底を図るためには、個々の法令等の附則で施行期日を明確にしておくことが肝要です。

法の適用に関する通則法

（法律の施行期日）

第二条　法律は、公布の日から起算して二十日を経過した日から施行する。ただし、法律でこれと異なる施行期日を定めたときは、その定めによる。

地方自治法

第十六条

③　条例は、条例に特別の定があるものを除く外、公布の日から起算して十日を経過した日から、これを施行する。

⑤　前二項の規定は、普通地方公共団体の規則並びにその機関の定める規則及びその他の規程で公表を要するものにこれを準用する。但し、法令又は条例に特別の定があるときは、この限りでない。

――――― 参考例

☆公布の日から施行する場合

（施行期日）
1　この条例は、公布の日から施行する。

☆施行期日の定めを規則に委任する場合

（施行期日）
1　この条例は、公布の日から起算して３月を超えない範囲内において規則で定める日から施行する。

☆新規制定条例の施行期日を２段階にする場合

（施行期日）
1　この条例は、平成25年４月１日から施行する。ただし、第６条の規定は、公布の日から施行する。

☆一部改正条例の一部の改正規定の施行期日を遅らせる場合

（施行期日）
1　この条例は、公布の日から施行する。ただし、第８条、第10条及び第14条の改正規定は、平成25年４月１日から施行する。

☆新規制定・全部改正の条例の規定を遡及適用する場合

（施行期日等）
1　この条例は、公布の日から施行し、平成24年４月１日から適用する。

☆一部改正条例による改正後の規定の全部を遡及適用する場合

（施行期日等）
1　この条例は、公布の日から施行し、改正後の○○市一般職の職員の給与に関する条例（以下「改正後の条例」という。）の規定は、平成24年４月１日から適用する。

☆一部改正条例による改正後の規定の一部（特定の条だけ）を遡及適用する場合

（施行期日等）
1　この条例は、公布の日から施行し、改正後の第11条の規定は、平成24年４月１日から適用する。

参考　〈附則が１項のみで成立している場合〉

施行期日に関する規定の参考例は、附則が複数の項で構成されていることを想定して、附則第１項と位置付け、項の見出し及び項番号を付しています。

附則が、施行期日（遡及適用の場合を含む。）に関する規定だけである場合のように、１項のみで成立している場合には、その見出し及び項番号は付けません。

参考　〈施行期日等に関する規定中に改正前の条例の題名を掲げるかどうか〉

特定の条の規定だけを遡及適用する場合は、その条名のみを掲げ、条例の題名は掲げないのが一般的です。しかし、次のような場合には、条例の題名を掲げます。

①　後続に多くの経過規定を定める場合で、「改正後の○○市△△条例（以下「改正後の条例」という。）」というように略

称を設けたいとき。

② 本則又は附則で多数の条例を改正しているため、単に条名を掲げるだけでは、その条例を特定できないとき。

参考　〈改正後の例規の略称の定め方〉

改正後の例規の題名については、例えば条例の場合、その略称は、「改正後の条例」と「新条例」の２種類が用いられています。この両者の使い分けの基準は特にありませんが、一部改正の条例の場合は「改正後の条例」と、全部改正又は廃止制定の形で定められた条例の場合は「新条例」と略すこととするのが、紛れがないと思われます。

2　既存の他の法令等の廃止に関する規定

――――― 参考例

（○○市印鑑条例の廃止）

2　○○市印鑑条例（昭和39年○○市条例第５号）は、廃止する。

3　当該法令等の施行に伴う経過措置に関する規定

――――― 参考例

（経過措置）

3　この条例の施行の際現に前項の規定による廃止前の○○市印鑑条例（以下「旧条例」という。）の規定により登録されている印鑑については、この条例の規定により登録されたものとみなす。

4　前項の規定により登録されたものとみなされた印鑑に係る証明については、この条例施行後の最初の印鑑登録証明書の交付申請に限り、なお従前の例による。

4　既存の他の法令等の一部改正に関する規定

―――――　参考例

（○○市◇◇条例の一部改正）

5　○○市◇◇条例（平成９年○○市条例第８号）の一部を次のように改正する。

第５条第１項中「市長」を「○○市教育委員会（以下「教育委員会」という。）」に改める。

第８条、第９条第１項及び第10条中「市長」を「教育委員会」に改める。

5　当該法令等の有効期限に関する規定

―――――　参考例

（この条例の失効）

6　この条例は、平成26年３月31日限り、その効力を失う。

第６節　別表

本則で、文章により表現したのでは、煩雑になり、かえって分かりにくくなるような場合には、表を用いて表現します。別表は、附則の次に置きます。そして、必ず本則の条文と連動させなければなりません。

別表が１表だけの場合は、「別表」と表示します。別表が２表以上ある場合は、「第１」「第２」と何番目の表かを表す数字を付けて、「別表第１」「別表第２」のように表示します。

なお、別表には、本則の関係条名を括弧書きで「（第○条関係）」というように注記することとされています。

具体的なケースを考えてみましょう

例えば、ある市において、「コミュニティセンター条例」を立案するとします。この場合において、使用料の金額を次のように区分して、それぞれの区分ごとに設定することになりました。

・利用者の区分
「市民」と「市民以外」
※「市民」＝市内に住所を有し、又は市内の事業所に通勤し、若しくは学校に通学する者

・利用の区分
「個人利用」と「団体利用」

・利用時間の区分
「午前」と「午後」と「全日」

設定された使用料の金額について、一の条でまとめて示したい場合、

どのように表現すれば分かりやすいでしょうか。

現時点においては、使用料の金額が確定していないため、①円、②円、③円というように書き表しておくこととします。

とにかく、文章にしてみよう。市民が午前に個人利用する場合は何円で……

（使用料）

第６条　使用料の額は、市民（市内に住所を有し、又は市内の事業所に通勤し、若しくは学校に通学する者をいう。以下同じ。）が個人で利用するときは午前の利用については①円とし、午後の利用については②円とし、全日の利用については③円とし、市民が団体で利用するときは午前の利用については④円とし、午後の利用については⑤円とし、全日の利用については⑥円とし、市民以外の者が個人で利用するときは午前の利用については⑦円とし、午後の利用については⑧円とし、全日の利用については⑨円とし、市民以外の者が団体で利用するときは午前の利用については⑩円、午後の利用については⑪円、全日の利用については⑫円とする。

文章では、ややこしいなぁ。
表にしてみよう。

（使用料）

第６条　使用料の額は、別表のとおりとする。

別表（第６条関係）

利用者	利用区分	利用時間	使　用　料
市民	個人利用	午前	①円
		午後	②円
		全日	③円
	団体利用	午前	④円
		午後	⑤円
		全日	⑥円
市民以外の者	個人利用	午前	⑦円
		午後	⑧円
		全日	⑨円
	団体利用	午前	⑩円
		午後	⑪円
		全日	⑫円

備考　この表において「市民」とは、市内に住所を有し、又は市内の事業所に勤務し、若しくは学校に通学する者をいう。

表・別表の部位を特定するための呼称について

表・別表の部位を特定するには、横の列については「項」、縦の列については「欄」という語を用います。

例えば、次のような表の★印の太枠で囲んだ箇所を特定して、「第６条の表イの項Ｃの欄」と呼びます。

第６条　……は、次の表のとおりとする。

区　分	A	B	C
ア			
イ			★
ウ			

複雑な別表の部位を特定するには、横の列については「部」と「項」、縦の列については「欄」という語を用います。

例えば、次のような表の★印の太枠で囲んだ箇所を特定して、「別表あの部イの項Ｂの欄」と呼びます。

別表（第12条関係）

<table>
<tr><td colspan="2">区　分</td><td>A</td><td>B</td><td>C</td></tr>
<tr><td rowspan="2">あ</td><td>ア</td><td></td><td></td><td></td></tr>
<tr><td>イ</td><td></td><td>★</td><td></td></tr>
<tr><td>い</td><td>ウ</td><td></td><td></td><td></td></tr>
</table>

第７節　様式

申請書、願書、届書などの書式のひな形を示す場合には、「様式」として規定します。

様式が１様式だけの場合は、「別記様式」と表示します。様式が２様式以上ある場合は、「第１」「第２」と何番目の様式かを表す数字を付けて、「様式第１号」「様式第２号」又は「第１号様式」「第２号様式」のように表示します。

なお、別表と同じように、様式には、本則の関係条名を括弧書きで「（第○条関係）」というように注記することとされています。

第２章　法令等における表現

法令等は、その内容が正確で分かりやすい表現により記述されなければなりません。そのためには、次に掲げる事柄に留意する必要があります。

第１節　正確性

１　主語

主語は、省略しないで明確に表記します。

２　代名詞等

「それ」「その」「これ」「この」等の代名詞や連体詞は、誰が読んでも、その語が何を指しているのか、正しく判断できるように用います。

3　述語

述語の語尾を正確に使用しないと、その規定する意図が不安定なものとなります。述語は、主語と対応させて、正確に表現します。

法令等で慣用的に用いられる文末の語は、次のとおりです。

⑴　……である。

一定の事実について述べる場合に用います。

⑵　……とする。

創設的・拘束的意味を持たせる場合に用います。

⑶　……するものとする。

一定の義務付けより若干弱いニュアンスを有し、一般的な原則や方針を規定する場合又は行政機関等に一定の拘束を与える場合に用います。

⑷　……することができる。

通常、法律上の能力又は権利があることを表現する場合に用います。

⑸　……しなければならない。

法律上の作為義務（ある行為をする義務）を命ずる場合に用います。この表現がとられている規定に違反した場合には、その違反行為は、処罰の原因になることが多いといえます。

(6)　……することができない。

通常、法律上の能力又は権利がないことを表現する場合に用います。したがって、この語が用いられている規定に違反した場合に、罰則の対象とされることは少ないですが、当該規定に違反した行為は、法律上の行為としては瑕疵《かし》があることになり、無効になります。

(7)　……してはならない。

法律上の不作為義務（ある行為をしない義務）を命ずる場合に用います。この表現がとられている規定に違反した場合には、その違反行為は、処罰の原因になることが多いといえます。

……である。

……とする。

……するものとする。

……することができる。
↕
……することができない。

……しなければならない。
↕
……してはならない。

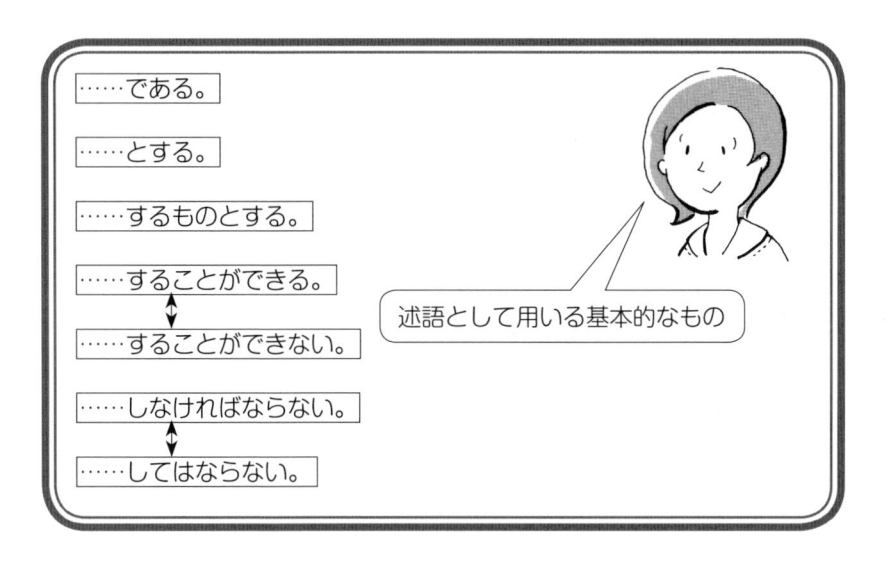

４　接続詞

法令等の表現では、「及び」「並びに」「かつ」「又は」「若しくは」等の接続詞の用い方について一定のルールがあります。これらの用い方を誤ると、規定している内容が立案者の意図どおりに解釈されないことになりますので、正確に用いるようにしてください。

併合的接続詞　　　　選択的接続詞

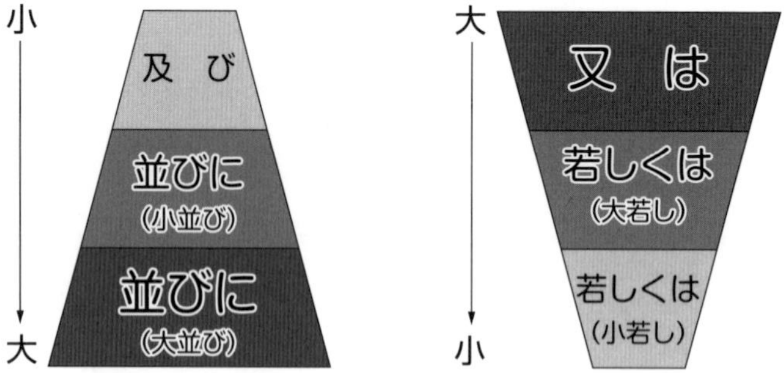

⑴　併合的接続詞

二つ又は三つ以上の文言をつなぐための接続詞ですが、法令等においては、次のような用い方をします。

ア　並列される語句に段階がない場合、並列された二つの語句を単につなぐときは、「及び」を用い、並列される語句が三つ以上のときは、最後の二つの語句だけを「及び」でつなぎ、その他の接続は「読点」でつなぎます。

［　　　］及び［　　　］

［　　　］、［　　　］、［　　　］、［　　　］及び［　　　］

〈例〉

第○条　事業団に、理事長、理事及び監事を置く。

〈図解〉

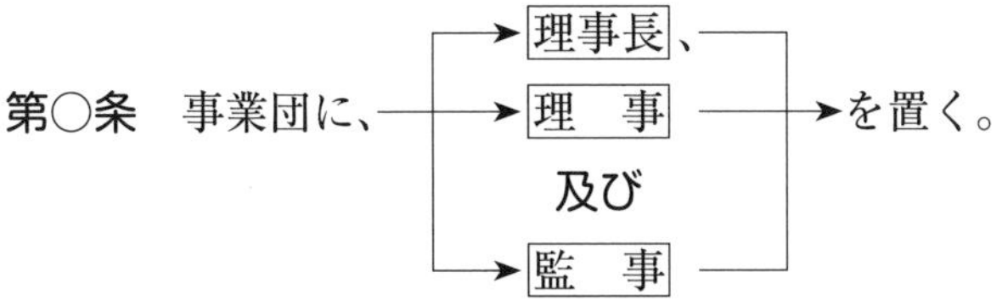

イ　併合的接続の段階が複雑で２段階になる場合には、意味の上での強い（大きい）弱い（小さい）を判断し、弱い（小さい）意味の接続に「及び」を用い、強い（大きい）意味の接続に「並びに」を用います。

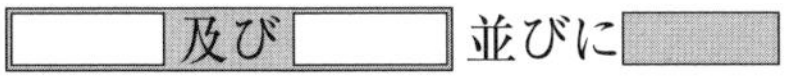

〈例〉

第○条　「財産」とは、公有財産、物品及び債権並びに基金をいう。

〈図解〉

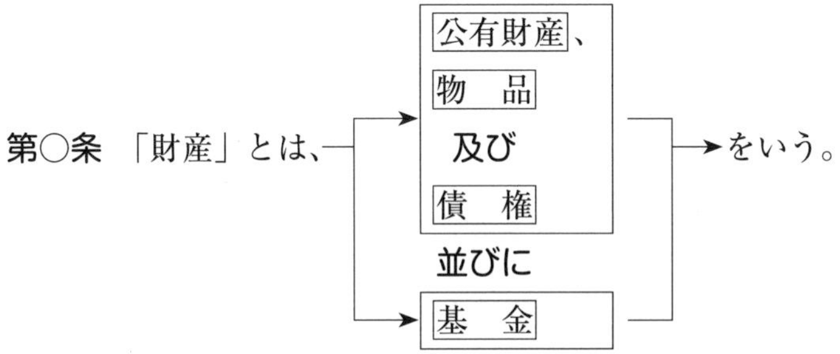

ウ　併合的接続の段階が３段階も続くような複雑な場合には、最も弱い（小さい）接続に１回だけ「及び」を用い、それ以外の接続に「並びに」を用います。この場合、「並びに」を用いて接続した部分のうちでも、強い（大きい）段階の接続に用いた「並びに」を「大並《おおなら》び」、弱い（小さい）段階の接続に用いた「並びに」を「小並《こなら》び」と呼んで区別しています。

〈例〉

第○条　職員の給与は、生計費並びに国及び他の地方公共団体の職員並びに民間事業の従事者の給与その他の事情を考慮して定めなければならない。

〈図解〉

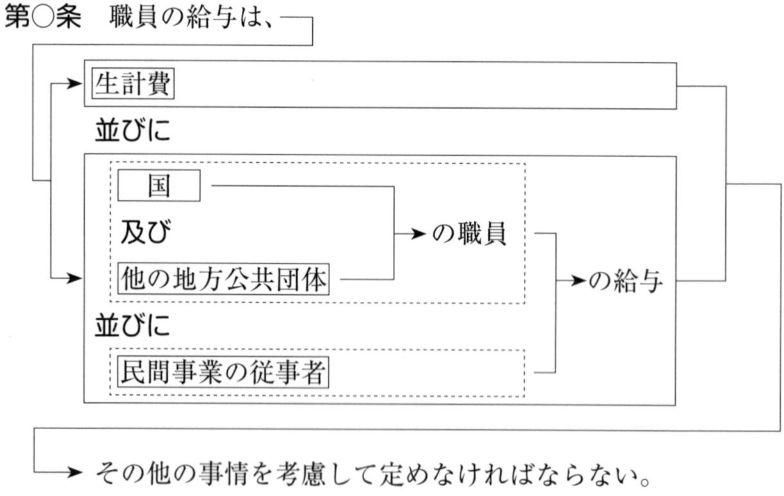

エ　「かつ」の用い方は、「及び」、「並びに」とともに、併合的接続の場合に用いられます。しかし、「及び」、「並びに」のように特に決まった用い方があるわけでなく、接続される語が互いに密接不可分で、両方の語を一体として用いることにより、その意味を完全に表すことができるような場合には、そのときの語感から「かつ」で接続されることが多いといえます。

具体的なケースを考えてみましょう

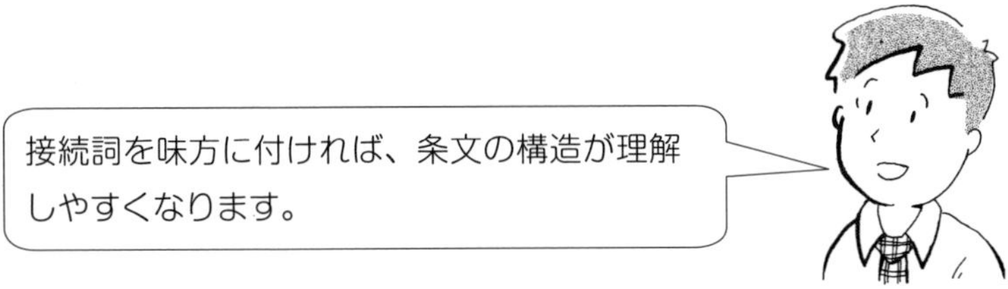
接続詞を味方に付ければ、条文の構造が理解しやすくなります。

＊単純に列挙する場合⇒「及び」

はさみ、カッター、鉛筆、ボールペン、蛍光ペン及び万年筆を持ってきてください。

＊用途ごとに分類して示す場合

・１段階⇒「並びに」・「及び」

はさみ及びカッター並びに鉛筆、ボールペン、蛍光ペン及び万年筆を持ってきてください。

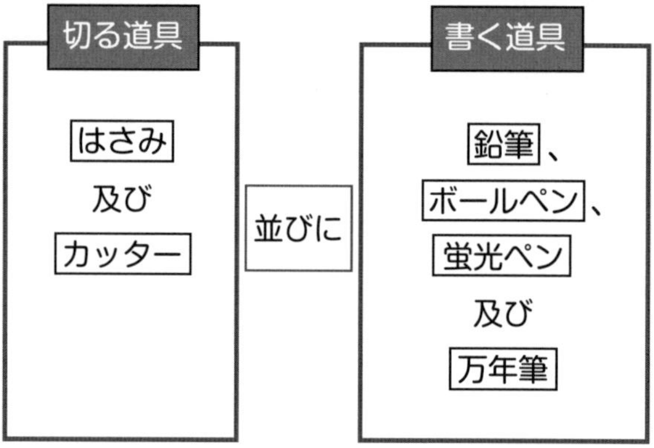

グループ分けされた中の語句を「及び」で結び、グループ同士を「並びに」で結んでいます。

・２段階⇒「大並び」・「小並び」・「及び」

はさみ及びカッター並びに鉛筆、ボールペン、蛍光ペン及び万年筆並びにエプロンを持ってきてください。

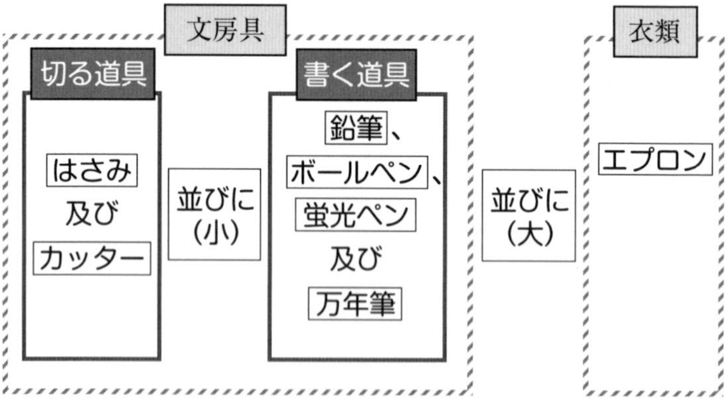

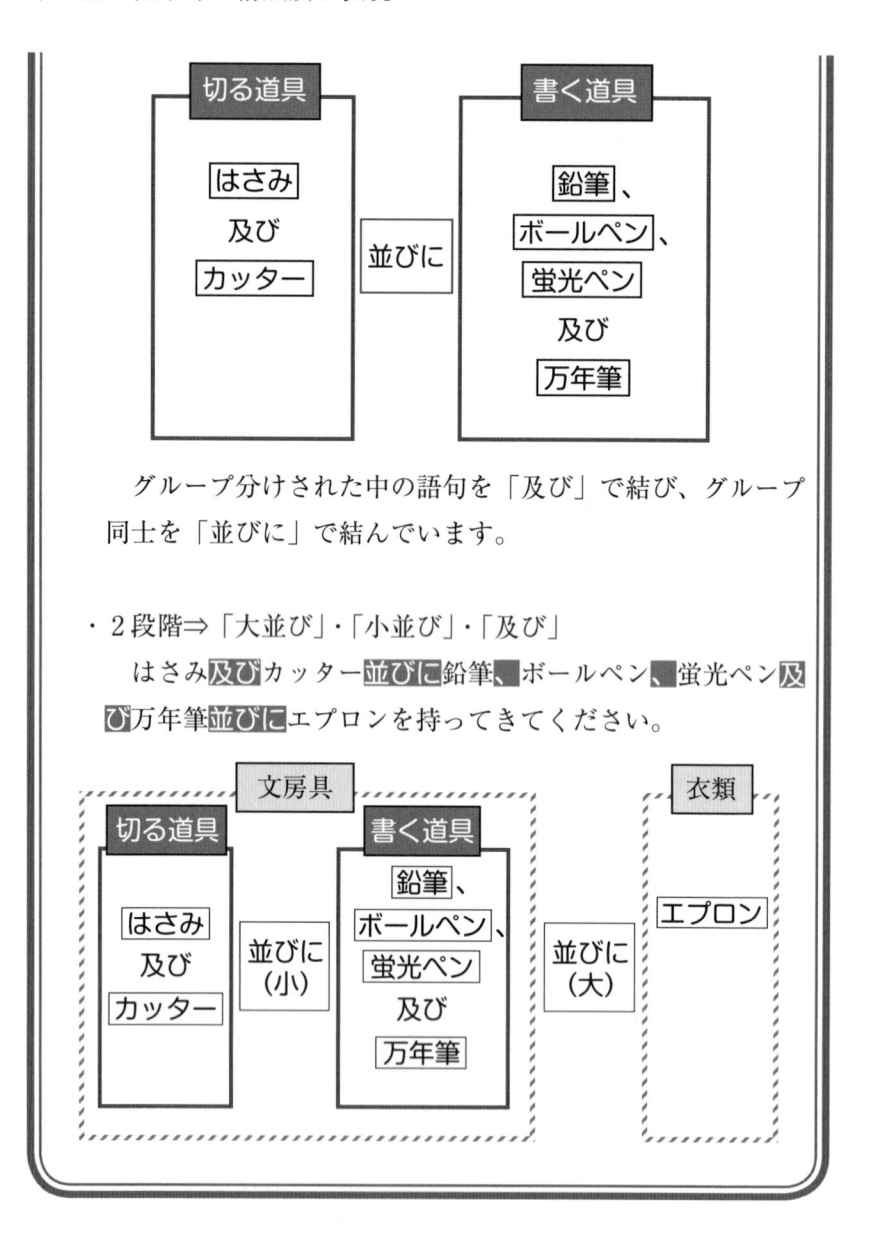

⑵　選択的接続詞

二つ又は三つ以上の文言をつなぎ、その中のいずれかの文言を選択させる場合に用いる接続詞ですが、法令等においては、次のような用い方をします。

ア　選択される語句に段階がない場合、並列された二つの語句を単につなぐときは、「又は」を用い、選択される語句が三つ以上のときは、最後の二つの語句だけを「又は」でつなぎ、その他の接続は「読点」でつなぎます。

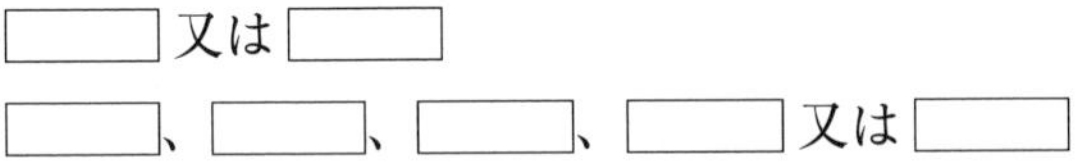

〈例〉

第○条　職員は、職員としては、法律、命令、規則又は指令による職務を担当する以外の義務を負わない。

〈図解〉

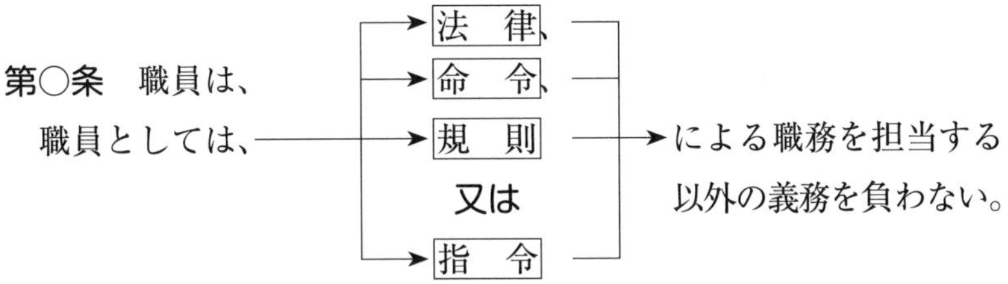

イ　選択される語句に段階がある場合には、段階が幾つあっても、一番強い（大きい）選択的接続に１回だけ「又は」を用い、その他の弱い（小さい）選択の語句の接続には、「若しくは」を繰り返して何回でも用います。この場合、「若しくは」を用い

て接続した部分のうちでも、強い（大きい）段階の接続に用いた「若しくは」を「大《おお》若《も》し」、弱い（小さい）段階の接続に用いた「若しくは」を「小《こ》若《も》し」と呼んで区別しています。

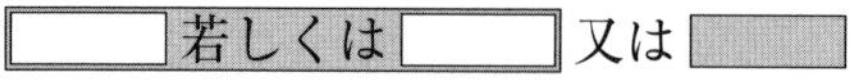

〈例〉

第○条　普通地方公共団体の附属機関は、法律若しくはこれに基づく政令又は条例の定めるところにより、その担任する事項について調査等を行う機関とする。

〈図解〉

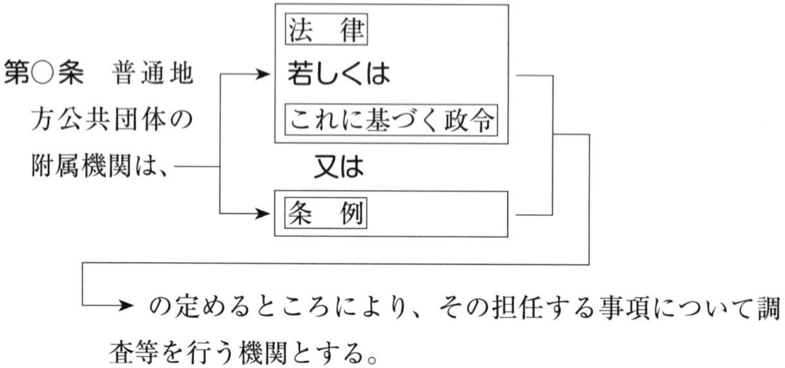

〈例〉

第○条　普通地方公共団体は、第×条の規定にかかわらず、翌年度以降にわたり、電気、ガス若しくは水の供給若しくは電気通信の役務の提供を受ける契約又は不動産を借りる契約を締結することができる。

〈図解〉

第○条　普通地方公共団体は、第×条の規定にかかわらず、翌年度

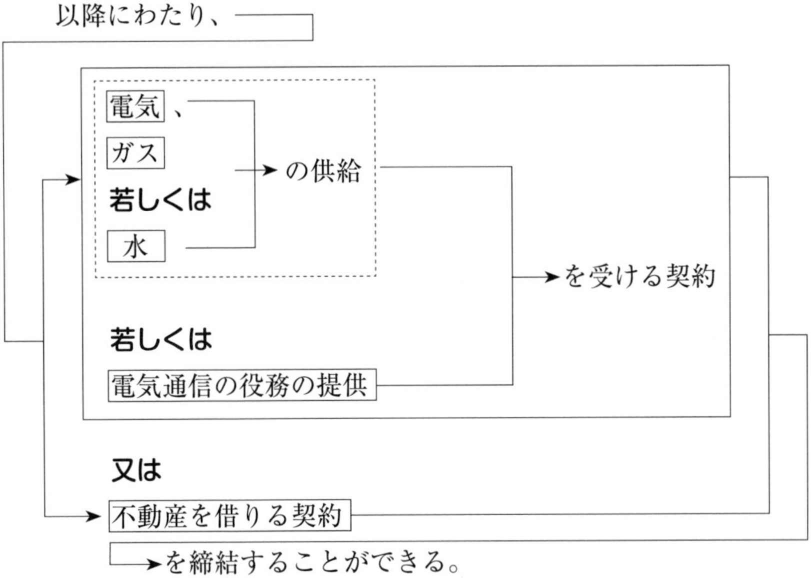

具体的なケースを考えてみましょう

＊単純に列挙する場合⇒「又は」

ジュース、紅茶、コーヒー、ワイン、ビール又は日本酒を持ってきてください。

＊分類して示す場合

・１段階　⇒「又は」・「若しくは」

ジュース、紅茶若しくはコーヒー又はワイン、ビール若しくは日本酒を持ってきてください。

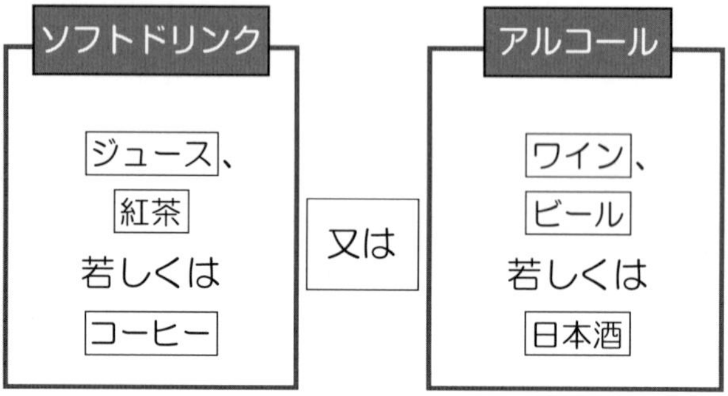

グループ分けされた中の語句を「若しくは」で結び、グループ同士を「又は」で結んでいます。

・２段階⇒「又は」・「大若し」・「小若し」

ジュース、紅茶若しくはコーヒー若しくはワイン、ビール若しくは日本酒又は手作り料理を持ってきてください。

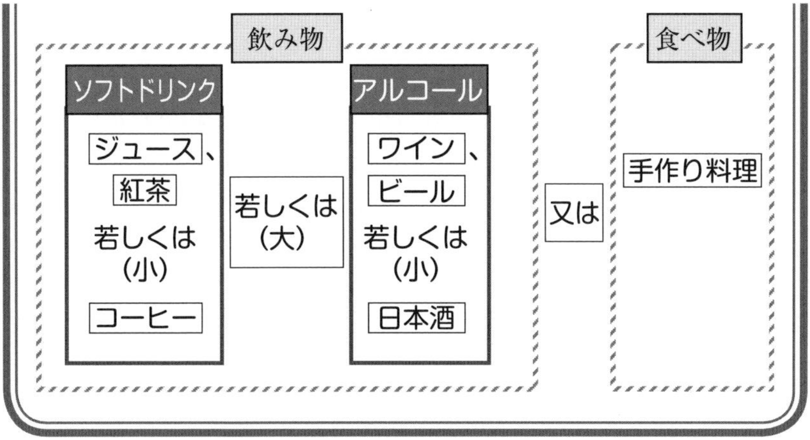

5　句読点

「句読点」は、現行の仮名書き・口語体によって文章を表現するのに不可欠なものです。法令における「句読点」の用い方は、一般の公用文における用い方と特に異なるところがあるわけではありませんが、法令等では、表現の紛れを防ぐための慣用的な用い方があります。「句点」及び「読点」を用いる場合の留意事項として、次のようなものがあります。

⑴　句点

「句点」は、文章の完結の印として文末に付けます。次の点に留意してください。

ア　括弧内の場合

①　括弧内で完結する字句が名詞形のときは、原則として「句点」を付けません。しかし、その字句が名詞形で完結しても、更に字句が続くときは、「句点」を付けます。

――――― 参考例

（定義）

第２条　この条例において「規制基準」とは、発生し、又は排出されるばい煙、粉じん、ガス、汚水、廃液、騒音、振動及び悪臭の量、濃度、又は程度の許容限度（粉じんにあっては、構造、使用及び管理の許容限度）をいう。

２　この条例において「揚水設備」とは、動力を用いて地下水を採取するための設備で、揚水機の吐出口の断面積（吐出口が２以上あるときは、その断面積の合計。以下同じ。）が６平方センチメートル以上のものをいう。

②　括弧内で完結する字句が動詞形のときは、「句点」を付けます。

――――― 参考例

（許可の申請）

第３条　法第21条第１項の規定に基づき火入れの許可を受けようとする者（以下「申請者」という。）は、規則で定める手続に従い、市長に申請しなければならない。

イ　号の場合

①　各号において完結する字句が名詞形のときは、原則として「句点」を付けません。しかし、「こと」又は「とき」で終わるとき、及びその号の中で更に字句が続くときは、「句点」を付けます。

――――　参考例

（車両制限）
第６条　条例第15条の規則で定める自動車は、次に掲げる区分によるものとし、積載物を含み、車両の長さ5.1メートル以下、幅2.0メートル以下のものとする。
(1)　普通自動車に属する乗用自動車
(2)　小型自動車に属する乗用自動車、貨物自動車及び乗用貨物自動車。ただし、二輪自動車を除く。

――――　参考例

（汚染事故発生時の措置）
第８条　設置者は、汚染事故等により供給する水が人の健康を害するおそれがあることを知った場合は、次の措置を講じなければならない。
(1)　直ちに給水を停止し、利用者にその旨を周知すること。

――――　参考例

（給水の停止）
第45条　管理者は、次の各号のいずれかに該当するときは、水道の使用者に対し、その理由の継続する間、給水を停止することができる。
(1)　給水装置の構造及び材質が、政令第４条の基準に適合しなくなったとき。

②　各号において完結する字句が動詞形（用言）のときは、「句点」を付けます。

――――― 参考例

（工事費の算出）
第10条　条例第８条に規定する工事費は、次に定めるところにより算出するものとする。
(1)　材料費は、管理者が定める材料単価額に、使用材料の数量を乗じて得た額とする。

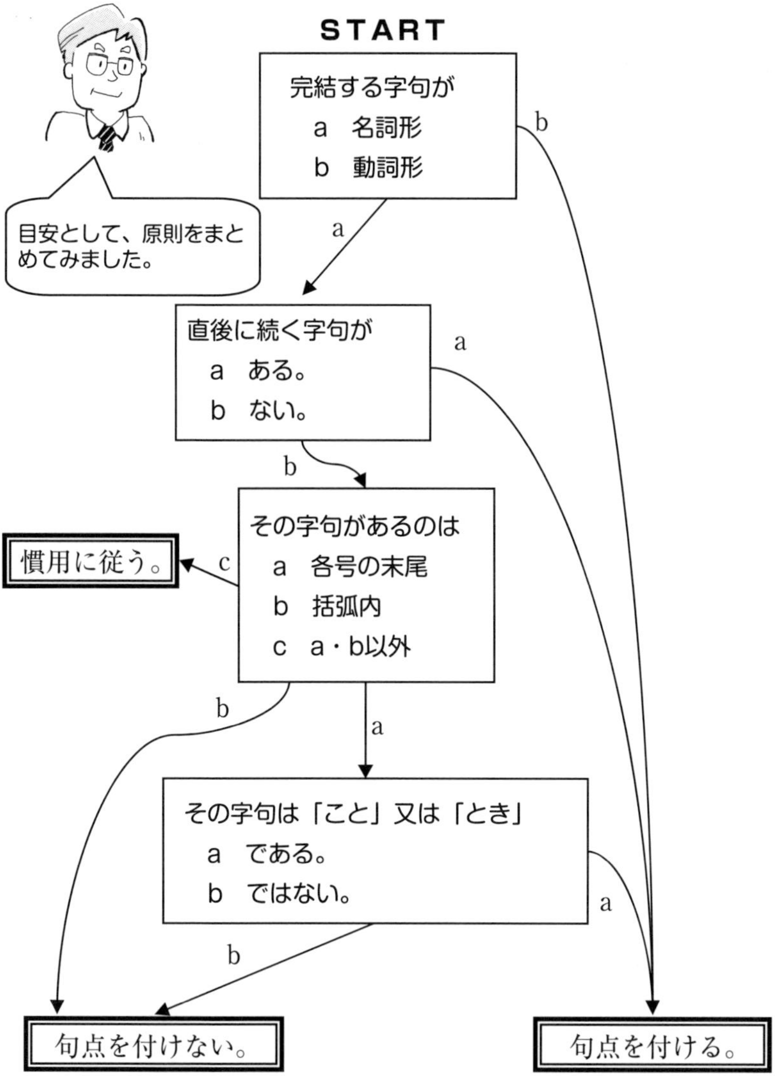
START
完結する字句が
a　名詞形
b　動詞形
目安として、原則をまとめてみました。
直後に続く字句が
a　ある。
b　ない。
その字句があるのは
a　各号の末尾
b　括弧内
c　a・b以外
慣用に従う。
その字句は「こと」又は「とき」
a　である。
b　ではない。
句点を付けない。
句点を付ける。

⑵　読点

「読点」は、原則として、慣用に従って付けられます。しかし、この慣用に従うことにより、かえって法令等の文意が不分明になるようなおそれがあったり、また、法文を構成する字句相互間のつながりが不明確になるようなおそれが生じたりすることがありますので、次の点に留意する必要があります。

ア　主語の次には、必ず「読点」を付けます。ただし、条件句又は条件節の中に出てくる主語の次には、「読点」を付けません。

――――― 参考例

（中小企業の組織化に対する助成）
第15条　市長は、中小企業者が中小企業者又は中小企業者以外の者と組合等を組織したときは、当該組合等に対し、予算の範囲内において、助成金を交付することができる。

イ　名詞を並列して用いる場合、その並列する名詞が二つのときは「読点」を用いないで、「及び」、「又は」などの接続詞でつなぎます。しかし、並列する名詞が三つ以上の場合には、最後の名詞のつなぎだけに接続詞を用い、その前に並列する名詞のつなぎには「読点」を用います。

――――― 参考例

（占用許可申請書の記載事項）
第９条　法第６条第２項の占用の許可申請書の記載事項は、次に掲げるものとする。
⑴　申請者の住所及び氏名
⑵　占用の目的、期間及び場所

ウ　動詞、形容詞又は副詞を並列して用いる場合には、その並列する語が二つだけであっても、名詞を並列する場合と異なり、「及び」、「又は」などの接続詞の前に「読点」を付けます。また、三つ以上のときは、前に並列する語は「読点」でつなぎ、最後の二つの語のつなぎには、「読点」を付けて、接続詞を用います。しかし、これらの並列する語が条件句の中にある場合で、文脈が不分明になるおそれのあるときは、これを避けるために、「読点」を付けないこともあります。また、短い動詞、形容詞又は副詞を並列する場合で、「読点」を付けないことにより文章が理解しやすくなるようなときにも、「読点」を省略することがあります。

――――　参考例

（法第57条の３第１項ただし書の政令で定める場合）

第18条の４　法第57条の３第１項ただし書の政令で定める場合は、同項に規定する新規化学物質（以下この条において「新規化学物質」という。）を製造し、又は輸入しようとする事業者が、厚生労働省令で定めるところにより、一の事業場における１年間の製造量又は輸入量（当該新規化学物質を製造し、及び輸入しようとする事業者にあっては、これらを合計した量）が100キログラム以下である旨の厚生労働大臣の確認を受けた場合において、その確認を受けたところに従って当該新規化学物質を製造し、又は輸入しようとするときとする。

エ　名詞を並列して「その他」でくくる場合には、「その他」の前には「読点」を付けません。しかし、動詞、形容詞又は副詞を並列して「その他」でくくるときには、「その他」の前に「読点」を付けます。

――――― 参考例

（定義）
第２条　この法律において、次の各号に掲げる用語の意義は、当該各号に定めるところによる。
⑴　略
⑵　電気通信設備　電気通信を行うための機械、器具、線路その他の電気的設備をいう。
⑶　電気通信役務　電気通信設備を用いて他人の通信を媒介し、その他電気通信設備を他人の通信の用に供することをいう。

オ　「読点」については、名詞句、動詞句、形容詞句及び副詞句についても、前のイからエまでで説明したことと同様に用いられます。

カ　条件句の前後には、「読点」を付けます。

――――― 参考例

（経済産業大臣による試験事務の実施等）
第７条の17　経済産業大臣は、指定試験機関が第７条の５の許可を受けて試験事務の全部若しくは一部を休止したとき、第７条の13第２項の規定により指定試験機関に対し試験事務の全部若しくは一部の停止を命じたとき、又は指定試験機関が天災その他の事由により試験事務の全部若しくは一部を実施することが困難となった場合において必要があると認めるときは、試験事務の全部又は一部を自ら行うものとする。

キ　句と句を接続する「かつ」の前後には、読点を付けます。

――――― 参考例

（信号装置の表示方法）
第219条　事業者は、信号装置を設けたときは、あらかじめ、当該信号装置の表示方法を定め、かつ、関係労働者に周知させなければならない。

ク　ただし書における「ただし」の次、後段における「この場合」又は「この場合において」の次には、「読点」を付けます。

――――― 参考例

（私権の制限）
第32条　都市公園を構成する土地物件については、私権を行使することができない。ただし、所有権を移転し、又は抵当権を設定し、若しくは移転することを妨げない。

――――― 参考例

（製造たばことみなす場合）
第８条　たばこ事業法第38条第２項（製造たばこ代用品）に規定する製造たばこ代用品は、製造たばことみなして、この法律を適用する。この場合において、製造たばこの区分は当該製造たばこ代用品の性状によるものとする。

ケ　名詞を説明するために「で」又は「であって」を用いる場合、その後に続く説明の字句が長いときには、「で」又は「であって」の後に、「読点」を付けます。

――――― 参考例

（防火管理者の資格）

第3条

2　共同住宅その他総務省令で定める防火対象物で、管理的又は監督的な地位にある者のいずれもが遠隔の地に勤務していることその他の事由により防火管理上必要な業務を適切に遂行することができないと消防長（消防本部を置かない市町村においては、市町村長。以下同じ。）又は消防署長が認めるものの管理について権原を有する者が、当該防火対象物に係る防火管理者を定める場合における前項の規定の適用については、同項中「防火管理上必要な業務を適切に遂行することができる管理的又は監督的な地位にあるもの」とあるのは、「防火管理上必要な業務を適切に遂行するために必要な権限が付与されていることその他総務省令で定める要件を満たすもの」とする。

――――― 参考例

（定義）

第2条

4　この法律において「破産者」とは、債務者であって、第30条第1項の規定により破産手続開始の決定がされているものをいう。

コ　条、項、号及び号の細分などには、「第１条、」、「２、」、「⑶、」及び「ア、」のように条名、項番号及び号や号の細分の番号等の後に、「読点」を付けることはしません。しかし、１字分空けます。

――――― 参考例

（ガス等の容器の取扱い）

第263条　事業者は、ガス溶接等の業務（令第20条第10号に掲げる業務をいう。以下同じ。）に使用するガス等の容器については、次に定めるところによらなければならない。

⑴　次の場所においては、設置し、使用し、貯蔵し、又は放置しないこと。

ア　通風又は換気の不十分な場所

イ　火気を使用する場所及びその附近

6　括弧

法令等の表現に用いられる「括弧」には、「　」（かぎ括弧）と（　）（括弧・丸括弧）があります。

(1)　かぎ括弧は、次のような場合に用いられます。

ア　用語を定義する場合で、その用語を示すとき。

―――――　参考例

（定義）

第２条　この法律において「職員」とは、地方公務員法（昭和25年法律第261号）第４条第１項に規定する職員（法律により任期を定めて任用することとされている職を占める職員及び非常勤職員を除く。）をいう。ただし、前条及び次項においては、同法第４条第１項に規定する職員をいう。

２　この法律において「短時間勤務職員」とは、地方公務員法第28条の５第１項に規定する短時間勤務の職を占める職員をいう。

３　この法律において「任命権者」とは、地方公務員法第６条第１項に規定する任命権者及びその委任を受けた者をいう。

イ　ある用語について略称を定める場合で、その略称を示すとき。

―――――　参考例

（この法律の適用を受ける地方公務員）

第４条　この法律の規定は、一般職に属するすべての地方公務員（以下「職員」という。）に適用する。

ウ　他の条文を準用する場合で、その準用する条文の読替えを行う部分を示すとき。

――――― 参考例

（準用）
第24条　第５条から第７条までの規定は、経営健全化計画について準用する。この場合において、第６条第１項並びに第７条第１項及び第４項中「財政健全化団体」とあるのは「経営健全化団体」と、同条第１項中「財政の早期健全化」とあるのは「公営企業の経営の健全化」と読み替えるものとする。

エ　他の条文を読み替えて適用する場合で、その読替えを行う部分を示すとき。

――――― 参考例

（高層住居誘導地区）
第57条の５
４　高層住居誘導地区内の建築物については、第56条の２第１項に規定する対象区域外にある建築物とみなして、同条の規定を適用する。この場合における同条第４項の規定の適用については、同項中「対象区域内の土地」とあるのは、「対象区域（高層住居誘導地区を除く。）内の土地」とする。

オ　既存の法令等の一部を改正する法令等において、字句を改め、加え、又は削る部分を示すとき。

―――――参考例

（水産業協同組合法の一部改正）

第５条　水産業協同組合法（昭和23年法律第242号）の一部を次のように改正する。

第11条第４項第２号中「第15条の９の２第２項」を「第15条の９の３第２項」に改める。

第11条の９中「第37条の５」の次に「、第37条の７」を加える。

⑵　括弧・丸括弧は、次のような場合に用いられます。

ア　「目次」において章、節等に含まれる条の範囲を示す場合

―――――参考例

地域再生法

目次

第１章　総則（第１条―第３条）

第２章　地域再生基本方針（第４条）

第３章　地域再生計画の認定等（第５条―第11条）

第４章　地域再生協議会（第12条）

第５章　認定地域再生計画に基づく事業に対する特別の措置

第１節及び第２節　削除

第３節　地域再生基盤強化交付金の交付等（第19条）

第４節　地域再生支援利子補給金の支給（第20条）

第５節　財産の処分の制限に係る承認の手続の特例（第21条）

第６章　地域再生本部（第22条―第31条）

附則

イ　法文の中で、法令等の題名又は件名の次に法令番号等を示す場合
ウ　条文見出しを付ける場合
エ　「括弧」の前の字句について略称を定める場合
オ　「括弧」の前の字句を定義する場合

――――――　参考例

（地域再生計画の認定）
第５条　地方公共団体（都道府県、市町村（特別区を含む。）又は地方自治法（昭和22年法律第67号）第284条第１項の一部事務組合若しくは広域連合をいい、港湾法（昭和25年法律第218号）第４条第１項の規定による港務局を含む。以下同じ。）は、地域再生基本方針に基づき、内閣府令で定めるところにより、地域再生を図るための計画（以下「地域再生計画」という。）を作成し、内閣総理大臣の認定を申請することができる。

カ　「括弧」の前の字句から特定の範囲のものを除外し、その字句に特定のものを含ませ、又はその字句を特定の範囲に限定する場合

――――― 参考例

（損失の補償）

第24条　景観行政団体は、第22条第１項の許可を受けることができないために損失を受けた景観重要建造物の所有者に対して、通常生ずべき損失を補償する。ただし、当該許可の申請に係る行為をするについて、他の法律（法律に基づく命令及び条例を含む。）で行政庁の許可その他の処分を受けるべきことを定めているもの（当該許可その他の処分を受けることができないために損失を受けた者に対して、その損失を補償すべきことを定めているものを除く。）がある場合において、当該許可その他の処分の申請が却下されたとき、又は却下されるべき場合に該当する場合における当該許可の申請に係る行為については、この限りでない。

キ　「括弧」の前の字句を特定の場合に別の字句に置き換える場合

――――― 参考例

（設立時役員等の解任の方法）

第19条　設立時役員等の解任は、設立時社員の議決権の過半数（設立時監事を解任する場合にあっては、３分の２以上に当たる多数）をもって決定する。

ク　他の条項を引用する場合で、その引用条文の要旨を付けるとき。

――――― 参考例

（定義等）
第２条
３　特定法人（保険業法第219条第１項（免許）の規定による免許を受けた同項に規定する特定法人をいい、同条第２項に規定する特定生命保険業免許を受けた特定法人にあっては、同法第３条第４項第２号に掲げる保険の引受けを行う範囲に限る。第12条において同じ。）は、次条第１項及び第２項、第６条、第７条並びに第10条第１項の規定の適用については、損害保険会社とみなす。

ケ　「別表」又は「様式」等において、本則の規定との関係を明らかにするため、その「別表」又は「様式」等について定める本則中の規定を示す場合

――――― 参考例

別表（第２条関係）

7　符号

法令等の表現に用いられる符号には、「・」、「—」、「(　)」及び「々」があります。

(1)「・」(中黒・中点)は、次のような場合に用いられます。

ア「目次」において章、節等に含まれる条の範囲が2条だけの場合で、これをつなぐとき。

——— 参考例

目次
　第1章　総則(第1条・第2条)

イ　二つの密接不可分な名詞のつなぎを示す場合

——— 参考例

子ども・若者育成支援推進法

ウ　縦書き表記において小数を漢字書きする場合で、その小数点を示すとき。

——— 参考例

(延滞金の徴収)
第六十六条　前条の規定により延滞金を徴収する場合において、延滞金は、年十四・五パーセントの割合を乗じて計算した額を超えない範囲内で定めなければならない。

エ　外国の国名、人名等のつなぎを示す場合

——— 参考例

サン・フランシスコ

⑵「―」は、次のような場合に用いられます。

ア「目次」において、章、節等に含まれる条の範囲を示す際に、その含まれる条が３条以上の場合で、これをつなぐとき。

参考例　130ページ参照。

イ「別表」又は「様式」等において、本則の規定との関係を明らかにするために、その「別表」又は「様式」等について定める本則の規定を示す際に、その条が連続する３条以上である場合で、これをつなぐとき。

――――　参考例

別表（第29条―第31条関係）

⑶「（　）」は、次のような場合に用いられます。

ア　左横書きの例規等において、条の中の号である「⑴、⑵、⑶」を示す場合等

イ　条の中の号の細分である「ア、イ、ウ」を更に細分する場合で、その区分を示すとき等

――――　参考例

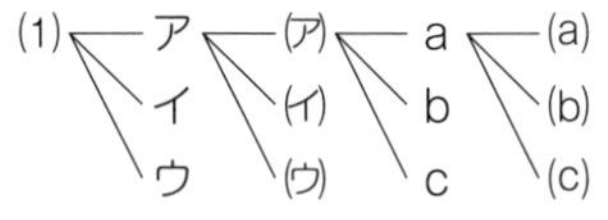

⑷「々」は、次のような場合に用いられます。

「各々」、「個々」、「種々の」、「我々」等

※委員会々則のような用い方はできません。

繰り返し符号

繰り返し符号には、「々」「ゝ」「〃」「〱」「ゞ」の五つがあります。しかし、昭和48年に、「法令における当用漢字の音訓使用及び送り仮名の付け方について」により、繰り返し符号のうち「々」だけが法令文においても用いられることになりました。そして、このことは、昭和56年に決定された「法令における漢字使用等について」によっても、また、その改定後の平成22年の「法令における漢字使用等について」によっても異なるところはありません。

8　配字

「配字」は、法文の立案に当たって、形式的に大きな役割を果たします。したがって、次の事柄に十分留意してください。

①　書き出しは、何字目からか。
②　折り返しは、何字目からか。
③　空きは、正しくとってあるか。
④　行は改めるのか、それとも同じ行に続けるのか。

なお、一般的には、国の法令の形に倣うのが原則でしょうが、地方公共団体で、独自の公文例を作成している場合には、当該地方公共団体の公文例の決まりに従って立案することになります。

9　傍点・傍線

傍点及び傍線は、法令等の表現には用いません。

10　用字・用語

⑴　表記に関する基準

法文に用いる用字・用語等の表記については、平成22年11月30日付けの内閣告示第2号「一般の社会生活において現代の国語を書き表すための漢字使用の目安を定める等の件」により、「常用漢字表」を漢字使用の目安とするものとされました。これを受けて、各行政機関における公用文の統一性を保持するために、その作成に当たって使用する漢字に関しよりどころとなる基準が「公用文における漢字使用等について」（平成22年内閣訓令第1号）により定められました。

これらに基づき、内閣法制局は、同年11月30日付けで、従前の「法令における漢字使用等について」（昭和56年10月1日）及び「法令用語改善の実施要領」（「法令用語改正要領」を含む。昭和29年11月25日）に代えて、新たに「法令における漢字使用等について」（平成22年11月30日付け内閣法制局長官決定）を明らかにしました。

このことは、法文における漢字使用等について、統一性を保持することがいかに大切であるかを物語っているといえます。

なお、法令における表記の基準について改正が加えられた場合は、特別の必要のない限り、既存の法令等を新基準に合わせて統一するための改正はしなくてもよいこととされています。

「公用文における漢字使用等について」（平成22年内閣訓令第1号）及び「法令における漢字使用等について」（平成22年11月30日付け内閣法制局長官決定）については、「参考資料」161ページ、

166ページ参照。

⑵　法令用語

法令用語には、類似した用語で、しかもその意味が明確に区別されているものが多くあります。したがって、それらの用語を用いる場合には、正確を期さなければなりません。

次の用語は、法文で頻繁に使用されますので、その使い分けについては、特に注意してください。

ア　「以上」「超える」と「以下」「未満」

「以上」「超える」「以下」「未満」は、いずれも数量的限定をする場合に用いる用語です。基準点となる数量を含む場合に用いられるのが「以上」「以下」、基準点になる数量を含まない場合に用いられるのが「超」「超える」「未満」「満たない」です。

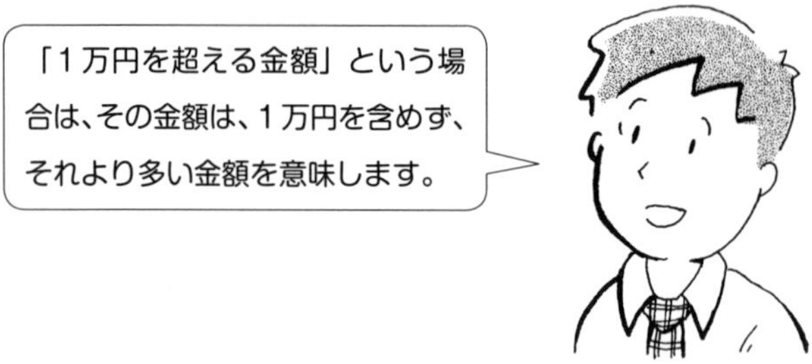
「１万円を超える金額」という場合は、その金額は、１万円を含めず、それより多い金額を意味します。

イ　「以前」「前」と「以後」「後」

時間的広がりを限定する場合に、「以前」「前」「以後」「後」を用います。

例えば、「４月１日前」という場合は、４月１日を含まずに同日よりも前の時間的広がりを表します。これは、「３月31日以前」というのと同じです。つまり、「以前」が基準時点を含んでそれより前への時間的広がりを表すのに対して、「前」は、基準時点を含まないでそれより前への時間的広がりを表すのです。

「４月１日以後」・「３月31日後」

「……の日から」は、「後」というのと同様に、起算点が午前零時でない限り起算日を含みません。「……の日から起算して」は、「以後」というのと同様に、起算日が含まれます。特段の規定のない限り、公法における期間の計算についても、民法の計算に関する規定が働くと考えるのが一般的です。

民法

第六章　期間の計算

（期間の計算の通則）

第百三十八条　期間の計算方法は、法令若しくは裁判上の命令に特別の定めがある場合又は法律行為に別段の定めがある場合を除き、この章の規定に従う。

（期間の起算）

第百三十九条　時間によって期間を定めたときは、その期間は、即時から起算する。

第百四十条　日、週、月又は年によって期間を定めたときは、期間の初日は、算入しない。ただし、その期間が午前零時から始まるときは、この限りでない。

（期間の満了）

第百四十一条　前条の場合には、期間は、その末日の終了をもって満了する。

第百四十二条　期間の末日が日曜日、国民の祝日に関する法律（昭和二十三年法律第百七十八号）に規定する休日その他の休日に当たるときは、その日に取引をしない慣習がある場合に限り、期間は、その翌日に満了する。

（暦による期間の計算）

第百四十三条　週、月又は年によって期間を定めたときは、その期間は、暦に従って計算する。

２　週、月又は年の初めから期間を起算しないときは、その期間は、最後の週、月又は年においてその起算日に応当する日の前日に満了する。ただし、月又は年によって期間を定めた場合において、最後の月に応当する日がないときは、その月の末日に満了する。

ウ　「課する」と「科する」

「課する」とは、国又は地方公共団体等の公的な団体が、国民又は住民に対し、公権をもって租税等を賦課し、徴収することをいいます。したがって、手数料のように公権をもって徴収しない金銭については、「課する」という語は用いません。

「科する」は、刑事罰や秩序罰（過料）について、用いられます。

――――― 参考例

（付加税の禁止）
第67条　地方公共団体は、相続税又は贈与税の付加税を課することができない。

――――― 参考例

第14条
3　普通地方公共団体は、法令に特別の定めがあるものを除くほか、その条例中に、条例に違反した者に対し、２年以下の懲役若しくは禁錮、100万円以下の罰金、拘留、科料若しくは没収の刑又は５万円以下の過料を科する旨の規定を設けることができる。

エ「改正する」と「改める」

一部改正法令では、「改正する」と「改める」という二つの同意義の文言が用いられますが、「改正する」は改正すべき法令の全体を指示して表現する場合の、「改める」は改正すべき法令中の個々の規定を指示して表現する場合の用語として用いられるものです。

既存の法令を一部改正する場合には、最初の柱書き（改正文）において、「○○○条例（平成○年Ａ市条例第○号）の一部を次のように改正する。」と書き、その次の行から「第○条を次のように改める。」、「第○条中「○○」を「××」に改める。」というように、改正の具体的内容を示す文（改正規定）を書きます。

オ「この限りでない」と「することを妨げない」

「この限りでない」という語は、「ただし書」の結語として用いられるのが通例です。なお、この語は、本来、本文の規定を打ち消すだけの消極的なものにとどまるので、本文の規定を打ち消した上で更に積極的な意味を持たせたい場合には、明示的な規定を置くべきものとされます。

「することを妨げない」という語も、「ただし書」の結語として多く用いられています。この語は、本文の規定について、他の規定との関係において不明瞭となる部分がある場合に、その関係を明確化するために用いられるものです。本文の規定の適用が排除されるものではないという消極的なものにとどまる点においては、「この限りでない」と同様です。

カ　「削除」と「削る」

改正規定において、条又は号を廃止する場合には、「削る」と「削除」という二つの文言が用いられますが、「削る」は改めたい部分を跡形もなく消してしまいたい場合に、「削除」は改めたい部分を「削除」という形で改め、条名、号名等は、そのままとしておきたい場合にそれぞれ用いられます。

法令等においては、条名を欠番のままにしておくことはしないので、その条が本則又は附則の最後の条である場合及び枝番号の最後の条である場合以外において、「第○条を削る」としたときは、後の条を順次繰り上げる必要が生じます。後の条を繰り上げ、その条名が変わってくるとその条を引用していた他の条や他の法令の全てについて改正が必要となり、大変煩わしいことになり、また、改正漏れを生じないとも限りません。このような場合には、「第○条　削除」として、廃止する条が欠番にならないようにその形骸だけは残すこととすれば、煩わしくもなく、他の条や他の法令に対する影響もないところから、

「削る」と「削除」とを使い分ける実益があるのです。

キ　「施行」と「適用」と「準用」

「施行」は、法令の規定の効力の発効という一般的観念を表す語です。

「適用」は、法令の規定が、個別的、具体的に特定の人、特定の地域、特定の事項について、現実に発効し、作用することを意味する語です。

「準用」は、ある事象に関する規定を、それと類似する他の事象について、必要があれば一部を読み替えて働かせようとするときに用いられる語です。

ク　「準ずる」と「例による」

「準ずる」は、「準ずる」とされるもの「B」について、準じられるもの「A」そのものではないがその「B」の性質、内容等が、準じられるもの「A」とおおむね同様又は類似のものであることを表す場合に用いられます。なお、「準ずる」は、「準じて」という形で用いられることもありますが、この場合も、「準じられるものに大体のっとって」という意味で用いられます。いずれにしても、例えば「B」について、準じられるもの「A」とほぼ同様の取扱いをする場合に用いられるのが、この語です。

法令においては、「の例による」は、具体的な個々の条文のみを対象としないで、他の法令の下における制度や手続を包括的に当てはめて適用することを表す文言として用いられます。

ケ　「推定する」と「みなす」

「推定する」は、ある事物について、これと本来異なる他の事物と判断しておき、反証があれば覆ることもあり得ることを意味する語です。

「みなす」は、ある事物と性質を異にする他の事物について、一定の法律関係において、その事物と同一視して、そのある事物について生ずる法的効果をその他の事物について生じさせることを意味する語です。

コ　「その他」と「その他の」

「その他」は、「その他」の前にある字句と後にある字句とが並列の関係にある場合に用いられます。

「その他の」は、「その他の」の前にある字句が「その他の」の後にある、より内容の広い意味を有する字句の例示として、その一部を成している場合に用いられます。

サ　「ただし」と「この場合において」

「ただし」は、通常、除外例や例外的条件を規定する場合のつなぎの語として用いられます。

「この場合において」は、主たる文章（前段）の趣旨を補足的に説明したり、主たる文章（前段）と密接な関係を有する内容を続けて規定する場合に、そのつなぎの語として用いられます。

シ　「当該」と「その」

法令で「当該」が用いられる場合には、「当該」の語は、次に掲げるように、単に「その」という場合とは若干ニュアンスを異にする用い方がされています。

①　ある規定中の特定の対象を捉えて引用する場合に、それが

先に掲げた特定の対象を指示するものであり、それと同一のものであることを示す冠詞として用いられます。

② 「そこで問題となっているそれぞれの」というような意味を有する語として用いられます。

③ ある事柄が各号形式で規定される場合には、「当該各号」の表現により、「該当するそれぞれの号」といった意味を表すために用いられます。

④ 特殊な用法として、「当該職員」という用法があります。これは、「当該」と「職員」との２語から成るものとしてではなく、「当該職員」という語として、職制上又は特別の委任により一定の行政上の権限（例えば、立入調査の権限）を与えられている国又は地方公共団体の職員を意味するものとして用いられます。

ス 「なおその効力を有する」と「なお従前の例による」

廃止された法令の効力を一時持続させる必要がある場合、その経過措置の定め方として、「なお従前の例による」又は「なおその効力を有する」のいずれかの文言が用いられます。

「なお従前の例による」という文言が用いられた場合は、ある事項に対する法律関係については、新法令の施行直前の法律制度をそのまま凍結した状態で適用するのであって、後に至って改正することは不可能であるのに対し、「なおその効力を有する」という文言が用いられた場合は、ある事項については、旧法令の規定が効力を有するのであるから、必要があれば改正することが可能です。両者の間には、このような差があるので、この種の経過規定を設ける場合には、この点をよく認識しておくべきです。

セ　「許可」と「認可」

「許可」と「認可」の語は、実定法上区別せずに用いられている場合もありますが、講学上は、「許可」とは「法令により一般的に禁止されている行為を、特定の場合にその禁止を解除し、適法にその行為ができるようにすること」をいい、「認可」とは「公の機関の同意によって法律上の効力が完成することについて公の機関が同意すること」をいいます。

ソ　「速やかに」と「直ちに」と「遅滞なく」

法令で用いられる「速やかに」、「直ちに」及び「遅滞なく」の語を時間的即時性の程度の強い順に並べると、「直ちに」、「速やかに」、「遅滞なく」という順になります。そして、「直ちに」及び「遅滞なく」の語が用いられている場合には、その遅滞により義務違反となるのを通例とするのに対し、「速やかに」の語が用いられている場合には、当該規定は、一般に訓示的なものとされています。

「遅滞なく」は、「直ちに」及び「速やかに」に比べると時間的即時性が弱い場合が多く、正当な又は合理的な遅滞は許されるものと解されています。「直ちに」と「速やかに」では、「直ちに」が、時間的即時性が強く、一切の遅れを許さない趣旨で用いられます。これに比べると、「速やかに」は、「直ちに」より急迫の程度が低い場合に用いられます。

タ　「とき」と「時」と「場合」

法令においては、「とき」という語は、必ずしも時点という限定された意味に用いられないのに対して、「時」という語は、時期、時刻という趣旨を明確に表す場合に用いられます。

「とき」は、広く「場合」と同じような意味で用いられています。

チ　「者」と「物」と「もの」

法令においては、「者」「物」「もの」は厳密に使い分けられています。

「者」は、法律上の人格を有する自然人又は法人を指す語です。

「物」は、人格者以外の有体物を指す語です。

「もの」は、次の場合に用いられます。

① 「者」又は「物」に当たらない抽象的なものを指す場合又はこれらのものと「物」とを含めて指す場合

② ある行為等の主体となるものとしての人格のない社団又は財団を指す場合又はこれらのものと個人、法人とを含めて指す場合

③ あるものに更に要件を重ねて限定する場合

第○条　市長は、市内に住所を有する者で、70歳以上のものに対し、招待券を交付する。

要件その1　市内に住所あり

要件その2　70歳以上

	要件その1	要件その2	招待券
住民Aさん	住所あり ◎該当	71歳 ◎該当	交付
住民Bさん	住所あり ◎該当	69歳 ×非該当	不交付

第2節　簡潔性――型の尊重

法令等は、誰にも分かりやすいものでなければなりません。そのために、一定の型が決まっています。自分勝手な型を作らず、正しい型で表現してください。

(1)　新規制定の型

第1編第4章（法令等の形式）44ページ参照。

⑵　一部改正の型

ア　改めるとき。

☆題名を改める場合
×題名を次のように改める。
×××Ａ市文化センター条例

☆条の全部を改める場合
×第３条を次のように改める。
×（・・・・・）
第３条×・・・・・・・・・・・・・・・・・・・・・・・・
×・・・・・・・・・・・・・・・・。

☆条（項、号）中の字句を改める場合
×第３条（第○条第○項、第○条第○号、第○条第○項第○号）中「Ａ」を「Ｂ」に、「Ｃ」を「Ｄ」に改める。

イ　削るとき。

☆条（項、号）中の字句を削る場合
×第３条（第○条第○項、第○条第○号、第○条第○項第○号）中「Ａ」、「Ｂ」及び「Ｃ」を削る。

☆条（項、号）を削る場合
×第20条（第○条第○項、第○条第○号、第○条第○項第○号）を削る。

☆連続する２の条、項又は号を削る場合

×第20条及び第21条（第○条第３項及び第４項、第○条第４号及び第５号、第○条第○項第４号及び第５号）を削る。

☆連続する３以上の条（項、号）を削る場合
×第20条から第24条まで（第○条第３項から第５項まで、第○条第４号から第６号まで、第○条第○項第４号から第６号まで）を削る。

〈注〉ここに例示した「条（項、号）」を削る改正規定は、後続の条（項、号）を繰り上げる必要のない場合のものです。

ウ　繰り上げるとき。

☆連続して繰り上げる条（項、号）の数が３以下の場合
×第７条を削り、第８条を第７条とし、第９条を第８条とし、第10条を第９条とする。
×第３条中第５項を削り、第６項を第５項とし、第７項を第６項とし、第８項を第７項とする。
×第３条（第○条第○項）中第３号を削り、第４号を第３号とし、第５号を第４号とし、第６号を第５号とする。

☆連続して繰り上げる条（項、号）の数が４以上の場合
×第７条を削り、第８条を第７条とし、第９条から第11条までを１条ずつ繰り上げる。
×第３条中第２項を削り、第３項を第２項とし、第４項から第６項までを１項ずつ繰り上げる。

×第3条（第○条第○項）中第3号を削り、第4号を第3号とし、第5号から第7号までを1号ずつ繰り上げる。

エ　削除とするとき。

☆条を削除とする場合
×第3条を次のように改める。
第3条×削除

☆連続する2の条を削除とする場合
×第3条及び第4条を次のように改める。
第3条及び第4条×削除

☆連続する3以上の条を削除とする場合
×第3条から第5条までを次のように改める。
第3条から第5条まで×削除

☆号を削除とする場合
×第3条（第○条第○項）第3号を次のように改める。
×(3)×削除

オ　加えるとき。

☆条（項、号）に字句を加える場合
×第3条（第○条第○項、第○条第○号、第○条第○項第○号）中「A」の次に「B」を、「C」の次に「D」を加える。

☆条を枝番号を用いて加える場合

×第３条の次に次の２条を加える。
×（・・・・・）
第３条の２×・・・・・・・・・・・・・・・・・・・・・・
×・・・・・・・・・・・・。
×（・・・・・）
第３条の３×・・・・・・・・・・・・・・・。

☆本則の最後に条を加える場合
×本則に次の１条を加える。
×（・・・・・）
第21条×・・・・・・・・・・・・・・・・・・・・・・・・
×・・・・・・・・・・・・。

☆項のある条の最後に項を加える場合
×第３条に次の１項を加える。
３×・・・・・・・・・・・・・・・・・・・・・・・・・・
×・・・・・・・・・・・・。

☆各号のある条（項）の各号の最後に号を加える場合
×第３条（第○条第○項）に次の１号を加える。
×(5)×・・・・・

☆各号のない条（項）に号を加える場合
×第３条（第○条第○項）に次の各号を加える。
×(1)×・・・・・
×(2)×・・・・・

×(3)×・・・・・

カ　繰り下げるとき。

☆連続して繰り下げる条（項、号）の数が３以下の場合
×第６条を第７条とし、第５条を第６条とし、第４条の次に次の１条を加える。
×（・・・・・）
第５条×・・・・・・・・・・・・・・・・・・・・・・・・
×・・・・・・・・・・・。
×第３条中第５項を第６項とし、第４項を第５項とし、第３項の次に次の１項を加える。
４×・・・・・・・・・・・・・・・・・・・・・・・・・・
×・・・・・・・・・・・。
×第３条（第○条第○項）中第３号を第４号とし、第２号の次に次の１号を加える。
×(3)×・・・・・

☆連続して繰り下げる条（項、号）の数が４以上の場合
×第10条を第11条とし、第７条から第９条までを１条ずつ繰り下げ、第６条の次に次の１条を加える。
×（・・・・・）
第７条×・・・・・・・・・・・・・・・・・・・・・・・・
×・・・・・・・・・・・。
×第３条中第７項を第８項とし、第４項から第６項までを１項ずつ繰り下げ、第３項の次に次の１項を加える。
４×・・・・・・・・・・・・・・・・・・・・・・・・・・

×・・・・・・・・・・・・。
×第３条（第○条第○項）中第６号を第７号とし、第３号から第５号までを１号ずつ繰り下げ、第２号の次に次の１号を加える。
×(3)×・・・・・

第3節　平易性

1　仮名書き・口語体

法令等が、誰にも分かりやすいものでなければならないことは既に述べたとおりです。しかし、法令等が成文化された権利義務の規範とされることから、その表現に法規範としての厳密性、論理的統一性が求められることも当然のことといえます。このような矛盾した要請を十分に満足させることは容易ではありませんが、一歩でもそれに近づくようにしなければなりません。

2　である体

法令等の文体は、「～である」という、いわゆる「である体」で表現することとされています。

最近においては、理念条例において「です・ます体」も見られますが、権利義務に関する規定の表現としては、不明確となるおそれがあります。

第3章　左横書きについて

第1節　例規の左横書き

地方公共団体の「例規」についても左横書きで作成することが一般的になっています。この左横書きについては、一般公用文や国際慣行とも合致するとともにデータ処理が容易になるという利点がある反面、数字を含んだ語の表記や区切り符号などが立案する人の主観によってなされることにより、表記上の不統一を来しているものも見受けられます。したがって、例規の左横書きに当たっては、その表記の仕方の細部について、しっかり取決めを行い、不統一の生じないようにしておくことが大切です。

第２節　表記についての留意点

１　固有名詞について

地名・人名などの固有名詞は、左横書きの場合でも数字等につきそのままに表記しなければならないことは、縦書きの場合と同じです。

２　数字について

(1)　数字の取扱い

数量を示す数字は、３桁区切りにコンマを用いて表記するのが原則ですが、単位を示す語として、兆、億、万を用いてもよいとされています。どちらの表記をするのか、あらかじめ決定しておく必要があります。

（例）　123,456,789円

１億2,345万6,789円

(2)　概数について

次のように表記します。

（例）　二、三十羽

五、六本

数十人

(3)　数字を含む語について

ア　数量感の薄い語……漢数字で表記する。

イ　数量感の濃い語……アラビア数字で表記する。

参考

次の例に示すような数字を含む語等の表記については、アラビア数字を使用するのか、又は漢数字を使用するのかの判断基準が「数量感の濃淡によって判断する」という抽象的な取決めのため、立案者の判断に差異が生じ、統一性が維持されていないものが見受けられます。

例えば、「四捨五入」を「4捨5入」と表記した場合、そのどちらが正しいとも断言できません。したがって、法文で頻繁に用いられる次のような語句については、立案前にそのいずれを採用するか、考え方を統一しておくことが大切です。

（例）

生計を1/一にする　　1/一の納期　　2/二輪自動車

第1・四/1・4/一・四半期　　1/一件書類　　1/一眼2/二肢

第2/二検査課　　3/三大関節　　1/一親等

第1/一順位　　第2/二次納税者　　1/一人用机

第3/三債務者　　用具1/一式　　4/四分5/五裂

3　読点等について

(1)　読点について

「読点」は、「、」又は「,」のどちらを用いてもよいとされています。どちらの表記にするのか、あらかじめ決定しておく必要があります。

(2)　かぎ括弧について

「かぎ括弧」は、「「〜」」又は「⌊〜⌉」のどちらを用いてもよいとされています。どちらの表記にするのか、あらかじめ決定しておく必要があります。

⑶　年月日について

年月日を省略して表現する場合は、「.」を用います。

（例）　平成９．４．１

1985．10．１

参考資料

○公用文における漢字使用等について

○内閣訓令第１号

各行政機関

公用文における漢字使用等について

政府は，本日，内閣告示第２号をもって，「常用漢字表」を告示した。

今後，各行政機関が作成する公用文における漢字使用等については，別紙によるものとする。

なお，昭和56年内閣訓令第１号は，廃止する。

平成22年11月30日

内閣総理大臣　菅　直人

（別紙）

公用文における漢字使用等について

1　漢字使用について

(1)　公用文における漢字使用は，「常用漢字表」（平成22年内閣告示第２号）の本表及び付表（表の見方及び使い方を含む。）によるものとする。

なお，字体については通用字体を用いるものとする。

(2)「常用漢字表」の本表に掲げる音訓によって語を書き表すに当たっては，次の事項に留意する。

ア　次のような代名詞は，原則として，漢字で書く。

例　俺　彼　誰　何　僕　私　我々

イ　次のような副詞及び連体詞は，原則として，漢字で書く。

例（副詞）

余り　至って　大いに　恐らく　概して　必ず　必ずしも
辛うじて　極めて　殊に　更に　実に　少なくとも　少し
既に　全て　切に　大して　絶えず　互いに　直ちに　例えば
次いで　努めて　常に　特に　突然　初めて　果たして　甚だ
再び　全く　無論　最も　専ら　僅か　割に

（連体詞）

明くる　大きな　来る　去る　小さな　我が（国）

ただし，次のような副詞は，原則として，仮名で書く。

例　かなり　ふと　やはり　よほど

ウ　次の接頭語は，その接頭語が付く語を漢字で書く場合は，原則として，漢字で書き，その接頭語が付く語を仮名で書く場合は，原則として，仮名で書く。

例　御案内（御＋案内）　御挨拶（御＋挨拶）

ごもっとも（ご＋もっとも）

エ　次のような接尾語は，原則として，仮名で書く。

例　げ（惜しげもなく）　ども（私ども）　ぶる（偉ぶる）

み（弱み）　め（少なめ）

オ　次のような接続詞は，原則として，仮名で書く。

例　おって　かつ　したがって　ただし　ついては　ところが

ところで　また　ゆえに

ただし，次の4語は，原則として，漢字で書く。

及び　並びに　又は　若しくは

カ　助動詞及び助詞は，仮名で書く。

例　ない（現地には，行かない。）

ようだ（それ以外に方法がないようだ。）

ぐらい（二十歳ぐらいの人）

だけ（調査しただけである。）

ほど（三日ほど経過した。）

キ　次のような語句を，（　）の中に示した例のように用いるときは，原則として，仮名で書く。

例　ある（その点に問題がある。）

いる（ここに関係者がいる。）

こと（許可しないことがある。）

できる（だれでも利用ができる。）

とおり（次のとおりである。）
とき（事故のときは連絡する。）
ところ（現在のところ差し支えない。）
とも（説明するとともに意見を聞く。）
ない（欠点がない。）
なる（合計すると１万円になる。）
ほか（そのほか…，特別の場合を除くほか…）
もの（正しいものと認める。）
ゆえ（一部の反対のゆえにはかどらない。）
わけ（賛成するわけにはいかない。）
………かもしれない（間違いかもしれない。）
………てあげる（図書を貸してあげる。）
………ていく（負担が増えていく。）
………ていただく（報告していただく。）
………ておく（通知しておく。）
………てください（問題点を話してください。）
………てくる（寒くなってくる。）
………てしまう（書いてしまう。）
………てみる（見てみる。）
………てよい（連絡してよい。）
………にすぎない（調査だけにすぎない。）
………について（これについて考慮する。）

2　送り仮名の付け方について

⑴　公用文における送り仮名の付け方は，原則として，「送り仮名の付け方」（昭和48年内閣告示第２号）の本文の通則１から通則６までの「本則」・「例外」，通則７及び「付表の語」（１のなお書きを除く。）によるものとする。

ただし，複合の語（「送り仮名の付け方」の本文の通則７を適用する語を除く。）のうち，活用のない語であって読み間違えるおそれのない語については，「送り仮名の付け方」の本文の通則６の「許容」を適用して送り仮名を省くものとする。なお，これに該当する語は，次のとおりとする。

明渡し　預り金　言渡し　入替え　植付け　魚釣用具
受入れ　受皿　受持ち　受渡し　渦巻　打合せ　打合せ会
打切り　内払　移替え　埋立て　売上げ　売惜しみ　売出し
売場　売払い　売渡し　売行き　縁組　追越し　置場　贈物
帯留　折詰　買上げ　買入れ　買受け　買換え　買占め
買取り　買戻し　買物　書換え　格付　掛金　貸切り　貸金
貸越し　貸倒れ　貸出し　貸付け　借入れ　借受け　借換え
刈取り　缶切　期限付　切上げ　切替え　切下げ　切捨て
切土　切取り　切離し　靴下留　組合せ　組入れ　組替え
組立て　くみ取便所　繰上げ　繰入れ　繰替え　繰越し
繰下げ　繰延べ　繰戻し　差押え　差止め　差引き　差戻し
砂糖漬　下請　締切り　条件付　仕分　据置き　据付け
捨場　座込み　栓抜　備置き　備付け　染物　田植　立会い
立入り　立替え　立札　月掛　付添い　月払　積卸し
積替え　積込み　積出し　積立て　積付け　釣合い　釣鐘
釣銭　釣針　手続　問合せ　届出　取上げ　取扱い　取卸し
取替え　取決め　取崩し　取消し　取壊し　取下げ　取締り
取調べ　取立て　取次ぎ　取付け　取戻し　投売り　抜取り
飲物　乗換え　乗組み　話合い　払込み　払下げ　払出し
払戻し　払渡し　払渡済み　貼付け　引上げ　引揚げ
引受け　引起し　引換え　引込み　引下げ　引締め　引継ぎ
引取り　引渡し　日雇　歩留り　船着場　不払　賦払
振出し　前払　巻付け　巻取り　見合せ　見積り　見習
未払　申合せ　申合せ事項　申入れ　申込み　申立て　申出
持家　持込み　持分　元請　戻入れ　催物　盛土　焼付け

雇入れ　雇主　譲受け　譲渡し　呼出し　読替え　割当て
割増し　割戻し

(2) (1)にかかわらず，必要と認める場合は，「送り仮名の付け方」の本文の通則2，通則4及び通則6（(1)のただし書の適用がある場合を除く。）の「許容」並びに「付表の語」の1のなお書きを適用して差し支えない。

3　その他

(1)　1及び2は，固有名詞を対象とするものではない。
(2)　専門用語又は特殊用語を書き表す場合など，特別な漢字使用等を必要とする場合には，1及び2によらなくてもよい。
(3)　専門用語等で読みにくいと思われるような場合は，必要に応じて，振り仮名を用いる等，適切な配慮をするものとする。

4　法令における取扱い

法令における漢字使用等については，別途，内閣法制局からの通知による。

○法令における漢字使用等について

内閣法制局総総第208号

平成22年11月30日

各府省庁事務次官等　殿

内閣法制次長

法令における漢字使用等について（通知）

平成22年11月30日付け内閣告示第２号をもって「常用漢字表」が告示され，同日付け内閣訓令第１号「公用文における漢字使用等について」が定められたことに伴い，当局において，法令における漢字使用等について検討した結果，別紙のとおり「法令における漢字使用等について」（平成22年11月30日付け内閣法制局長官決定）を定め，実施することとしましたので，通知します。

なお，昭和29年11月25日付け法制局総発第89号の「法令用語改善の実施要領」（同実施要領の別紙「法令用語改正要領」を含む。）及び昭和56年10月１日付け内閣法制局総発第141号の「法令における漢字使用等について」は，本日付けで廃止しますので，併せて通知します。

（別紙）

平成22年11月30日付け内閣告示第２号をもって「常用漢字表」が告示され，同日付け内閣訓令第１号「公用文における漢字使用等について」が定められたことに伴い，法令における漢字使用等について，次のように定める。

平成22年11月30日

内閣法制局長官　梶田　信一郎

法令における漢字使用等について

1　漢字使用について

(1)　法令における漢字使用は，次の(2)から(6)までにおいて特別の定めをするもののほか，「常用漢字表」（平成22年内閣告示第２号。以下「常用漢字表」という。）の本表及び付表（表の見方及び使い方を含む。）並びに「公用文における漢字使用等について」(平成22年内閣訓令第１号) の別紙の１「漢字使用について」の(2)によるものとする。また，字体については，通用字体を用いるものとする。

なお，常用漢字表により漢字で表記することとなったものとしては，次のようなものがある。

挨拶　宛先　椅子　咽喉　隠蔽　鍵　覚醒　崖　玩具　毀損
亀裂　禁錮　舷　拳銃　勾留　柵　失踪　焼酎　処方箋　腎臓
進捗　整頓　脊柱　遡及　堆積　貼付　賭博　剝奪　破綻　汎用
氾濫　膝　肘　払拭　閉塞　捕捉　補塡　哺乳類　蜜蜂　明瞭
湧出　拉致　賄賂　関わる　鑑みる　遡る　全て

(2) 次のものは，常用漢字表により，(　) の中の表記ができることとなったが，引き続きそれぞれ下線を付けて示した表記を用いるものとする。

壊滅 (潰滅)　壊乱 (潰乱)　決壊 (決潰)
広範 (広汎)　全壊 (全潰)　倒壊 (倒潰)
破棄 (破毀)　崩壊 (崩潰)　理屈 (理窟)

(3) 次のものは，常用漢字表により，下線を付けて示した表記ができることとなったので，(　) の中の表記に代えて，それぞれ下線を付けて示した表記を用いるものとする。

臆説 (憶説)　臆測 (憶測)　肝腎 (肝心)

(4) 次のものは，常用漢字表にあるものであっても，仮名で表記するものとする。

虞 / 恐れ → おそれ
且つ → かつ
従って (接続詞) → したがって
但し → ただし
但書 → ただし書
外 / 他 → ほか

又　→　また（ただし，「または」は「又は」と表記する。）

因る　→　よる

(5)　常用漢字表にない漢字で表記する言葉及び常用漢字表にない漢字を構成要素として表記する言葉並びに常用漢字表にない音訓を用いる言葉の使用については，次によるものとする。

ア　専門用語等であって，他に言い換える言葉がなく，しかも仮名で表記すると理解することが困難であると認められるようなものについては，その漢字をそのまま用いてこれに振り仮名を付ける。

【例】

暗渠《きよ》　按《あん》分　蛾《が》　瑕疵《かし》　管渠《きよ》　涵《かん》養　強姦《かん》　砒《ひ》素　埠《ふ》頭

イ　次のものは，仮名で表記する。

拘わらず　→　かかわらず
此　→　この
之　→　これ
其　→　その
煙草　→　たばこ
為　→　ため
以て　→　もって
等（ら）　→　ら
猥褻　→　わいせつ

ウ　仮名書きにする際，単語の一部だけを仮名に改める方法は，できるだけ避ける。

【例】

斡旋　→　あっせん（「あっ旋」は用いない。）
煉瓦　→　れんが（「れん瓦」は用いない。）

ただし，次の例のように一部に漢字を用いた方が分かりやすい場合は，この限りでない。

【例】

あへん煙　えん堤　救じゅつ　橋りょう　し尿　出えん　じん肺
ため池　ちんでん池　でん粉　てん末　と畜　ばい煙　排せつ
封かん　へき地　らく印　漏えい

エ　常用漢字表にない漢字又は音訓を仮名書きにする場合には，仮名の部分に傍点を付けることはしない。

(6)　次のものは，（　）の中に示すように取り扱うものとする。

匕　首（用いない。「あいくち」を用いる。）
委　棄（用いない。）
慰藉料（用いない。「慰謝料」を用いる。）
溢　水（用いない。）
違　背（用いない。「違反」を用いる。）
印　顆（用いない。）
湮　滅（用いない。「隠滅」を用いる。）
苑　地（用いない。「園地」を用いる。）
汚　穢（用いない。）
解　止（用いない。）
戒　示（用いない。）
灰　燼（用いない。）
改　訂・改　定（「改訂」は書物などの内容に手を加えて正すことという意味についてのみ用いる。それ以外の場合は「改定」を用いる。）
開　披（用いない。）
牙　保（用いない。）
勧　解（用いない。）
監　守（用いない。）
管　守（用いない。「保管」を用いる。）
陥　穽（用いない。）
干　与・干　預（用いない。「関与」を用いる。）

義　捐（用いない。）
汽　罐（用いない。「ボイラー」を用いる。）
技　監（特別な理由がある場合以外は用いない。）
規　正・規　整・規　制（「規正」はある事柄を規律して公正な姿に当てはめることという意味についてのみ，「規整」はある事柄を規律して一定の枠に納め整えることという意味についてのみ，それぞれ用いる。それ以外の場合は「規制」を用いる。）
覊　束（用いない。）
吃　水（用いない。「喫水」を用いる。）
規　程（法令の名称としては，原則として用いない。「規則」を用いる。）
欺　瞞（用いない。）
欺　罔（用いない。）
狭　隘（用いない。）
饗　応（用いない。「供応」を用いる。）
驚　愕（用いない。）
魚　艙（用いない。「魚倉」を用いる。）
紀　律（特別な理由がある場合以外は用いない。「規律」を用いる。）
空気槽（用いない。「空気タンク」を用いる。）
具　有（用いない。）
繋　船（用いない。「係船」を用いる。）
繋　属（用いない。「係属」を用いる。）
計　理（用いない。「経理」を用いる。）
繋　留（用いない。「係留」を用いる。）
懈　怠（用いない。）
牽　連（用いない。「関連」を用いる。）
溝　渠（特別な理由がある場合以外は用いない。）

交叉点（用いない。「交差点」を用いる。）
更　代（用いない。「交代」を用いる。）
弘　報（用いない。「広報」を用いる。）
骨　牌（用いない。「かるた類」を用いる。）
戸　扉（用いない。）
誤　謬（用いない。）
詐　偽（用いない。「偽り」を用いる。）
鑿　井（用いない。）
作　製・作　成（「作製」は製作（物品を作ること）という意味についてのみ用いる。それ以外の場合は「作成」を用いる。）
左　の（「次の」という意味では用いない。）
鎖　鑰（用いない。）
撒水管（用いない。「散水管」を用いる。）
旨　趣（用いない。「趣旨」を用いる。）
枝　条（用いない。）
首　魁（用いない。「首謀者」を用いる。）
酒　精（用いない。「アルコール」を用いる。）
鬚　髯（用いない。）
醇　化（用いない。「純化」を用いる。）
竣　功（特別な理由がある場合以外は用いない。「完成」を用いる。）
傷　痍（用いない。）
焼　燬（用いない。）
銷　却（用いない。「消却」を用いる。）
情　況（特別な理由がある場合以外は用いない。「状況」を用いる。）
檣　頭（用いない。「マストトップ」を用いる。）
証　標（用いない。）
証　憑・憑　拠（用いない。「証拠」を用いる。）

牆　壁（用いない。）
塵　埃（用いない。）
塵　芥（用いない。）
侵　蝕（用いない。「侵食」を用いる。）
成　規（用いない。）
窃　用（用いない。「盗用」を用いる。）
船　渠（用いない。「ドック」を用いる。）
洗　滌（用いない。「洗浄」を用いる。）
僣　窃（用いない。）
総　轄（用いない。「総括」を用いる。）
齟　齬（用いない。）
疏　明（用いない。「疎明」を用いる。）
稠　密（用いない。）
通　事（用いない。「通訳人」を用いる。）
定繋港（用いない。「定係港」を用いる。）
呈　示（用いない。「提示」を用いる。）
停　年（用いない。「定年」を用いる。）
捺　印（用いない。「押印」を用いる。）
売　淫（用いない。「売春」を用いる。）
配　付・配　布（「配付」は交付税及び譲与税配付金特別会計のような特別な場合についてのみ用いる。それ以外の場合は「配布」を用いる。）
蕃　殖（用いない。「繁殖」を用いる。）
版　図（用いない。）
誹　毀（用いない。）
彼　此（用いない。）
標　示（特別な理由がある場合以外は用いない。「表示」を用いる。）
紊　乱（用いない。）
編　綴（用いない。）

房　室（用いない。）
膨　脹（用いない。「膨張」を用いる。）
法　例（用いない。）
輔　助（用いない。「補助」を用いる。）
満限に達する（特別な理由がある場合以外は用いない。「満了する」を用いる。）
宥　恕（用いない。）
輸　贏（用いない。）
踰　越（用いない。）
油　槽（用いない。「油タンク」を用いる。）
落　磐（用いない。「落盤」を用いる。）
臨　検・立入検査（「臨検」は犯則事件の調査の場合についてのみ用いる。それ以外の場合は「立入検査」を用いる。）
鄰　佑（用いない。）
狼　狽（用いない。）
和　諧（用いない。「和解」を用いる。）

2　送り仮名の付け方について

(1)　単独の語

ア　活用のある語は，「送り仮名の付け方」（昭和48年内閣告示第２号の「送り仮名の付け方」をいう。以下同じ。）の本文の通則１の「本則」・「例外」及び通則２の「本則」の送り仮名の付け方による。

イ　活用のない語は，「送り仮名の付け方」の本文の通則３から通則５までの「本則」・「例外」の送り仮名の付け方による。

［備考］　表に記入したり記号的に用いたりする場合には，次の例に示すように，原則として，（　）の中の送り仮名を省く。

【例】

晴（れ）　曇（り）　問（い）　答（え）　終（わり）　生（まれ）

(2)　複合の語

ア　イに該当する語を除き，原則として，「送り仮名の付け方」の本文の通則6の「本則」の送り仮名の付け方による。ただし，活用のない語で読み間違えるおそれのない語については，「送り仮名の付け方」の本文の通則6の「許容」の送り仮名の付け方により，次の例に示すように送り仮名を省く。

【例】

明渡し　預り金　言渡し　入替え　植付け　魚釣用具　受入れ
受皿　受持ち　受渡し　渦巻　打合せ　打合せ会　打切り　内払
移替え　埋立て　売上げ　売惜しみ　売出し　売場　売払い
売渡し　売行き　縁組　追越し　置場　贈物　帯留　折詰
買上げ　買入れ　買受け　買換え　買占め　買取り　買戻し
買物　書換え　格付　掛金　貸切り　貸金　貸越し　貸倒れ
貸出し　貸付け　借入れ　借受け　借換え　刈取り　缶切
期限付　切上げ　切替え　切下げ　切捨て　切土　切取り
切離し　靴下留　組合せ　組入れ　組替え　組立て　くみ取便所
繰上げ　繰入れ　繰替え　繰越し　繰下げ　繰延べ　繰戻し
差押え　差止め　差引き　差戻し　砂糖漬　下請　締切り
条件付　仕分　据置き　据付け　捨場　座込み　栓抜　備置き
備付け　染物　田植　立会い　立入り　立替え　立札　月掛
付添い　月払　積卸し　積替え　積込み　積出し　積立て
積付け　釣合い　釣鐘　釣銭　釣針　手続　問合せ　届出
取上げ　取扱い　取卸し　取替え　取決め　取崩し　取消し
取壊し　取下げ　取締り　取調べ　取立て　取次ぎ　取付け
取戻し　投売り　抜取り　飲物　乗換え　乗組み　話合い
払込み　払下げ　払出し　払戻し　払渡し　払渡済み　貼付け
引上げ　引揚げ　引受け　引起し　引換え　引込み　引下げ
引締め　引継ぎ　引取り　引渡し　日雇　歩留り　船着場　不払
賦払　振出し　前払　巻付け　巻取り　見合せ　見積り　見習
未払　申合せ　申合せ事項　申入れ　申込み　申立て　申出

持家　持込み　持分　元請　戻入れ　催物　盛土　焼付け
雇入れ　雇主　譲受け　譲渡し　呼出し　読替え　割当て
割増し　割戻し

イ　活用のない語で慣用が固定していると認められる次の例に示すような語については，「送り仮名の付け方」の本文の通則７により，送り仮名を付けない。

【例】

合図　合服　合間　預入金　編上靴　植木　（進退）伺　浮袋
浮世絵　受入額　受入先　受入年月日　請負　受付　受付係
受取　受取人　受払金　打切補償　埋立区域　埋立事業　埋立地
裏書　売上（高）　売掛金　売出発行　売手　売主　売値
売渡価格　売渡先　絵巻物　襟巻　沖合　置物　奥書　奥付
押売　押出機　覚書　（博多）織　折返線　織元　織物　卸売
買上品　買受人　買掛金　外貨建債権　概算払　買手　買主
買値　書付　書留　過誤払　貸方　貸越金　貸室　貸席
貸倒引当金　貸出金　貸出票　貸付（金）　貸主　貸船　貸本
貸間　貸家　箇条書　貸渡業　肩書　借入（金）　借受人　借方
借越金　刈取機　借主　仮渡金　缶詰　気付　切手　切符
切替組合員　切替日　くじ引　組合　組入金　組立工　倉敷料
繰上償還　繰入金　繰入限度額　繰入率　繰替金　繰越（金）
繰延資産　消印　月賦払　現金払　小売　小売（商）　小切手
木立　小包　子守　献立　先取特権　作付面積　挿絵
差押（命令）　座敷　指図　差出人　差引勘定　差引簿　刺身
試合　仕上機械　仕上工　仕入価格　仕掛花火　仕掛品　敷網
敷居　敷石　敷金　敷地　敷布　敷物　軸受　下請工事　仕出屋
仕立券　仕立物　仕立屋　質入証券　支払　支払元受高　字引
仕向地　事務取扱　事務引継　締切日　所得割　新株買付契約書
据置（期間）　（支出）済（額）　関取　備付品　（型絵）染
ただし書　立会演説　立会人　立入検査　立場　竜巻　立替金

立替払　建具　建坪　建値　建前　建物　棚卸資産
（条件）付（採用）　月掛貯金　付添人　漬物　積卸施設
積出地　積立（金）　積荷　詰所　釣堀　手当　出入口
出来高払　手付金　手引　手引書　手回品　手持品　灯台守
頭取　（欠席）届　留置電報　取扱（所）　取扱（注意）
取入口　取替品　取組　取消処分　（麻薬）取締法　取締役
取立金　取立訴訟　取次（店）　取付工事　取引　取引（所）
取戻請求権　問屋　仲買　仲立業　投売品　並木　縄張　荷扱場
荷受人　荷造機　荷造費　（春慶）塗　（休暇）願　乗合船
乗合旅客　乗換（駅）　乗組（員）　場合　羽織　履物　葉巻
払込（金）　払下品　払出金　払戻金　払戻証書　払渡金
払渡郵便局　番組　番付　控室　引当金　引受（時刻）
引受（人）　引換（券）　（代金）引換　引継事業　引継調書
引取経費　引取税　引渡（人）　日付　引込線　瓶詰　歩合
封切館　福引（券）　船積貨物　踏切　振替　振込金
振出（人）　不渡手形　分割払　（鎌倉）彫　掘抜井戸　前受金
前貸金　巻上機　巻紙　巻尺　巻物　待合（室）　見返物資
見込額　見込数量　見込納付　水張検査　水引　見積（書）
見取図　見習工　未払勘定　未払年金　見舞品　名義書換
申込（書）　申立人　持込禁止　元売業者　物置　物語　物干場
（備前）焼　役割　屋敷　雇入契約　雇止手当　夕立　譲受人
湯沸器　呼出符号　読替規定　陸揚地　陸揚量　両替　割合
割当額　割高　割引　割増金　割戻金　割安

［備考１］　下線を付けた語は，「送り仮名の付け方」の本文の通則７において例示された語である。

［備考２］　「売上（高）」，「（博多）織」などのようにして掲げたものは，（　）の中を他の漢字で置き換えた場合にも，「送り仮名の付け方」の本文の通則７を適用する。

⑶　付表の語

「送り仮名の付け方」の本文の付表の語（1のなお書きを除く。）の送り仮名の付け方による。

3　その他

(1)　1及び2は，固有名詞を対象とするものではない。

(2)　1及び2については，これらを専門用語及び特殊用語に適用するに当たって，必要と認める場合は，特別の考慮を加える余地があるものとする。

附　則

1　この決定は，平成22年11月30日から施行する。

2　この決定は，法律については次回国会（常会）に提出するものから，政令については平成23年1月1日以後最初の閣議に提出するものから，それぞれ適用する。

3　新たな法律又は政令を起案する場合のほか，既存の法律又は政令の改正について起案する場合（文語体の法律又は勅令を文体を変えないで改正する場合を除く。）にも，この決定を適用する。なお，この決定を適用した結果，改正されない部分に用いられている語の表記と改正される部分に用いられるこれと同一の内容を表す語の表記とが異なることとなっても，差し支えない。

4　署名の閣議に提出される条約については平成23年1月1日以後最初の閣議に提出されるものから，国会に提出される条約（平成23年1月1日以後最初の閣議より前に署名の閣議に提出された条約であって日本語が正文であるものを除く。）については次回国会（常会）に提出するものから，それぞれこの決定を適用する。なお，条約の改正についても，この決定を適用した結果，改正されない部分に用いられている語の表記と改正される部分に用いられるこれと同一の内容を表す語の表記とが異なることとなっても，差し支えない。

○現代仮名遣い

○内閣訓令第１号

各行政機関

「現代仮名遣い」の実施について

政府は，本日，内閣告示第１号をもって，「現代仮名遣い」を告示した。

今後，各行政機関においては，これを現代の国語を書き表すための仮名遣いのよりどころとするものとする。

なお，昭和21年内閣訓令第８号は，廃止する。

昭和61年７月１日

内閣総理大臣　中曽根　康弘

改正　平成22年11月30日内閣告示第４号

○内閣告示第１号

一般の社会生活において現代の国語を書き表すための仮名遣いのよりどころを，次のように定める。

なお，昭和21年内閣告示第33号は，廃止する。

昭和61年７月１日

内閣総理大臣　中曽根　康弘

現代仮名遣い

前　書　き

1　この仮名遣いは，語を現代語の音韻に従って書き表すことを原則とし，一方，表記の慣習を尊重して一定の特例を設けるものである。

2　この仮名遣いは，法令，公用文書，新聞，雑誌，放送など，一般の社会生活において，現代の国語を書き表すための仮名遣いのよりどころを示すものである。

3　この仮名遣いは，科学，技術，芸術その他の各種専門分野や個々人の表記にまで及ぼそうとするものではない。

4　この仮名遣いは，主として現代文のうち口語体のものに適用する。原文の仮名遣いによる必要のあるもの，固有名詞などでこれによりがたいものは除く。

5　この仮名遣いは，擬声・擬態的描写や嘆声，特殊な方言音，外来語・外来音などの書き表し方を対象とするものではない。

6　この仮名遣いは，「ホオ・ホホ（頰）」「テキカク・テッカク（的確）」のような発音にゆれのある語について，その発音をどちらかに決めようとするものではない。

7　この仮名遣いは，点字，ローマ字などを用いて国語を書き表す場合のきまりとは必ずしも対応するものではない。

8　歴史的仮名遣いは，明治以降，「現代かなづかい」（昭和21年内閣告示第33号）の行われる以前には，社会一般の基準として行われていたものであり，今日においても，歴史的仮名遣いで書かれた文献などを読む機会は多い。歴史的仮名遣いが，我が国の歴史や文化に深いかかわりをもつものとして，尊重されるべきことは言うまでもない。また，この仮名遣いにも歴史的仮名遣いを受け継いでいるところがあり，この仮名遣いの理解を深める上で，歴史的仮名遣いを知ることは有用である。付表において，この仮名遣いと歴史的仮名遣いとの対照を示すのはそのためである。

本　　文

凡　例

1　原則に基づくきまりを第1に示し，表記の慣習による特例を第2に示した。

2　例は，おおむね平仮名書きとし，適宜，括弧内に漢字を示した。常用漢字表に掲げられていない漢字及び音訓には，それぞれ＊印及び△印をつけた。

第1　語を書き表すのに，現代語の音韻に従って，次の仮名を用いる。

ただし，下線を施した仮名は，第2に示す場合にだけ用いるものである。

参考資料

1　直音

あ	い	う	え	お					
か	き	く	け	こ	が	ぎ	ぐ	げ	ご
さ	し	す	せ	そ	ざ	じ	ず	ぜ	ぞ
た	ち	つ	て	と	だ	ぢ	づ	で	ど
な	に	ぬ	ね	の					
は	ひ	ふ	へ	ほ	ば	び	ぶ	べ	ぼ
					ぱ	ぴ	ぷ	ぺ	ぽ
ま	み	む	め	も					
や		ゆ		よ					
ら	り	る	れ	ろ					
わ				を					

例　あさひ（朝日）　きく（菊）　さくら（桜）　ついやす（費）
にわ（庭）　ふで（筆）　もみじ（紅葉）　ゆずる（譲）
れきし（歴史）　わかば（若葉）
えきか（液化）　せいがくか（声楽家）　さんぽ（散歩）

2　拗《よう》音

きゃ	きゅ	きょ	ぎゃ	ぎゅ	ぎょ
しゃ	しゅ	しょ	じゃ	じゅ	じょ
ちゃ	ちゅ	ちょ	ぢゃ	ぢゅ	ぢょ
にゃ	にゅ	にょ			
ひゃ	ひゅ	ひょ	びゃ	びゅ	びょ
			ぴゃ	ぴゅ	ぴょ
みゃ	みゅ	みょ			
りゃ	りゅ	りょ			

例　しゃかい（社会）　しゅくじ（祝辞）　かいじょ（解除）
りゃくが（略画）
〔注意〕　拗音に用いる「や，ゆ，よ」は，なるべく小書きにする。

3　撥《はつ》音

ん

例　まなんで（学）　みなさん　しんねん（新年）
しゅんぶん（春分）

4　促音

っ

例　はしって（走）　かっき（活気）　がっこう（学校）
せっけん（石鹸）
〔注意〕 促音に用いる「つ」は，なるべく小書きにする。

5　長音

⑴　ア列の長音
ア列の仮名に「あ」を添える。
例　おかあさん　おばあさん

⑵　イ列の長音
イ列の仮名に「い」を添える。
例　にいさん　おじいさん

⑶　ウ列の長音
ウ列の仮名に「う」を添える。
例　おさむうございます（寒）　くうき（空気）　ふうふ（夫婦）
うれしゅう存じます　きゅうり　ぼくじゅう（墨汁）
ちゅうもん（注文）

⑷　エ列の長音
エ列の仮名に「え」を添える。
例　ねえさん　ええ（応答の語）

⑸　オ列の長音
オ列の仮名に「う」を添える。
例　おとうさん　とうだい（灯台）

わこうど（若人）　おうむ
かおう（買）　あそぼう（遊）　おはよう（早）
おうぎ（扇）　ほうる（放）　とう（塔）
よいでしょう　はっぴょう（発表）
きょう（今日）　ちょうちょう（蝶*々）

第２　特定の語については，表記の慣習を尊重して，次のように書く。

１　助詞の「を」は，「を」と書く。

例　本を読む　岩をも通す　失礼をばいたしました
やむをえない　いわんや…をや　よせばよいものを
てにをは

２　助詞の「は」は，「は」と書く。

例　今日は日曜です　山では雪が降りました
あるいは　または　もしくは
いずれは　さては　ついては　ではさようなら　とはいえ
惜しむらくは　恐らくは　願わくは
これはこれは　こんにちは　こんばんは
悪天候もものかは

〔注意〕次のようなものは，この例にあたらないものとする。
いまわの際　すわ一大事
雨も降るわ風も吹くわ　来るわ来るわ　きれいだわ

３　助詞の「へ」は，「へ」と書く。

例　故郷へ帰る　…さんへ　母への便り　駅へは数分

４　動詞の「いう（言）」は，「いう」と書く。

例　ものをいう（言）　いうまでもない　昔々あったという
どういうふうに　人というもの　こういうわけ

5　次のような語は,「ぢ」「づ」を用いて書く。

(1)　同音の連呼によって生じた「ぢ」「づ」

例　ちぢみ（縮）　ちぢむ　ちぢれる　ちぢこまる

つづみ（鼓）　つづら　つづく（続）　つづめる（約）

つづる（綴）

〔注意〕「いちじく」「いちじるしい」は，この例にあたらない。

(2)　二語の連合によって生じた「ぢ」「づ」

例　はなぢ（鼻血）　そえぢ（添乳）　もらいぢち

そこぢから（底力）　ひぢりめん

いれぢえ（入知恵）　ちゃのみぢゃわん

まぢか（間近）　こぢんまり

ちかぢか（近々）　ちりぢり

みかづき（三日月）　たけづつ（竹筒）　たづな（手綱）

ともづな　にいづま（新妻）　けづめ　ひづめ　ひげづら

おこづかい（小遣）　あいそづかし　わしづかみ

こころづくし（心尽）　てづくり（手作）　こづつみ（小包）

ことづて　はこづめ（箱詰）　はたらきづめ　みちづれ（道連）

かたづく　こづく（小突）　どくづく　もとづく

うらづける　ゆきづまる　ねばりづよい

つねづね（常々）　つくづく　つれづれ

なお，次のような語については，現代語の意識では一般に二語に分解しにくいもの等として，それぞれ「じ」「ず」を用いて書くことを本則とし,「せかいぢゅう」「いなづま」のように「ぢ」「づ」を用いて書くこともできるものとする。

例　せかいじゅう（世界中）

いなずま（稲妻）　かたず（固唾）

きずな（絆）　さかずき（杯）　ときわず　ほおずき

みみずく

うなずく　おとずれる（訪）　かしずく　つまずく

ぬかずく　ひざまずく
あせみずく　くんずほぐれつ　さしずめ　でずっぱり
なかんずく　うでずく　くろずくめ　ひとりずつ
ゆうずう（融通）

〔注意〕次のような語の中の「じ」「ず」は，漢字の音読みでもともと濁っているものであって，上記(1)，(2)のいずれにもあたらず，「じ」「ず」を用いて書く。

例　じめん（地面）　ぬのじ（布地）
　ずが（図画）　りゃくず（略図）

6　次のような語は，オ列の仮名に「お」を添えて書く。

例　おおかみ　おおせ（仰）　おおやけ（公）　こおり（氷・郡）
　こおろぎ　ほお（頬・朴）　ほおずき　ほのお（炎）　とお（十）
　いきどおる（憤）　おおう（覆）　こおる（凍）　しおおせる
　とおる（通）　とどこおる（滞）　もよおす（催）
　いとおしい　おおい（多）　おおきい（大）　とおい（遠）
　おおむね　おおよそ

これらは，歴史的仮名遣いでオ列の仮名に「ほ」又は「を」が続くものであって，オ列の長音として発音されるか，オ・オ，コ・オのように発音されるかにかかわらず，オ列の仮名に「お」を添えて書くものである。

付記

次のような語は，エ列の長音として発音されるか，エイ，ケイなどのように発音されるかにかかわらず，エ列の仮名に「い」を添えて書く。

例　かれい　せい（背）
　かせいで（稼）　まねいて（招）　春めいて
　へい（塀）　めい（銘）　れい（例）
　えいが（映画）　とけい（時計）　ていねい（丁寧）

付　表

凡　例

1　現代語の音韻を目印として，この仮名遣いと歴史的仮名遣いとの主要な仮名の使い方を対照させ，例を示した。

2　音韻を表すのには，片仮名及び長音符号「ー」を用いた。

3　例は，おおむね漢字書きとし，仮名の部分は歴史的仮名遣いによった。常用漢字表に掲げられていない漢字及び音訓には，それぞれ＊印及び△印をつけ，括弧内に仮名を示した。

4　ジの音韻の項には，便宜，拗音の例を併せ挙げた。

現代語の音韻	この仮名遣いで用いる仮名	歴史的仮名遣いで用いる仮名	例
イ	い	い	石　報いる　赤い　意図　愛
		ゐ	井戸　居る　参る　胃　権威
		ひ	貝　合図　費やす　思ひ出　恋しさ
ウ	う	う	歌　馬　浮かぶ　雷雨　機運
		ふ	買ふ　吸ふ　争ふ　危ふい
エ	え	え	柄　枝　心得　見える　栄誉
		ゑ	声　植ゑる　絵　円　知恵
		へ	家　前　考へる　帰る　救へ
	へ	へ	西へ進む
オ	お	お	奥　大人　起きる　お話　雑音
		を	男　十日　踊る　青い　悪寒
		ほ	顔　氷　滞る　直す　大きい
		ふ	仰ぐ　倒れる
	を	を	花を見る
カ	か	か	蚊　紙　静か　家庭　休暇
		くわ	火事　歓迎　結果　生活　愉快
ガ	が	が	石垣　学問　岩石　生涯　発芽
		ぐわ	画家　外国　丸薬　正月　念願
ジ	じ	じ	初め　こじあける　字　自慢　術語
		ぢ	味　恥ぢる　地面　女性　正直

	ぢ	ぢ	縮む　鼻血　底力　近々　入れ知恵
ズ	ず	ず づ	鈴　物好き　知らずに　人数　洪水 水　珍しい　一つづつ　図画　大豆
	づ	づ	鼓　続く　三日月　塩漬け　常々
ワ	わ	わ は	輪　泡　声色　弱い　和紙 川　回る　思はず　柔らか　*琵*琶（びは）
	は	は	我は海の子　又は
ユー	ゆう	ゆう ゆふ いう いふ	勇気　英雄　金融 夕方 遊戯　郵便　勧誘　所有 都*邑（といふ）
	いう	いふ	言ふ
オー	おう	おう あう あふ わう はう	負うて　応答　欧米 桜花　奥義　中央 扇　押収　凹凸 弱う　王子　往来　卵黄 買はう　舞はう　怖うございます
コー	こう	こう こふ かう かふ くわう	功績　拘束　公平　気候　振興 *劫（こふ） 咲かう　赤う　かうして　講義　健康 甲乙　太*閤（たいかふ） 光線　広大　恐慌　破天荒
ゴー	ごう	ごう ごふ がう がふ ぐわう	皇后 業　永*劫（えいごふ） 急がう　長う　強引　豪傑　番号 合同 *轟音（ぐわうおん）
ソー	そう	そう さう さふ	僧　総員　競走　吹奏　放送 話さう　浅う　さうして　草案　体操 挿話
ゾー	ぞう	ぞう ざう ざふ	増加　憎悪　贈与 象　蔵書　製造　内臓　仏像 雑煮

トー	とう	とう たう たふ	弟　統一　冬至　暴投　北東 峠　勝たう　痛う　刀剣　砂糖 塔　答弁　出納
ドー	どう	どう だう だふ	どうして　銅　童話　運動　空洞 堂　道路　葡萄（ぶだう） 問答
ノー	のう	のう のふ なう なふ	能　農家　濃紺 昨日 死なう　危なうございます　脳　苦悩 納入
ホー	ほう	ほう ほふ はう はふ	奉祝　俸給　豊年　霊峰 法会 葬る　包囲　芳香　解放 はふり投げる　はふはふの体　法律
ボー	ぼう	ぼう ぼふ ばう ばふ	某　貿易　解剖　無謀 正法 遊ばう　飛ばう　紡績　希望　堤防 貧乏
ポー	ぽう	ぽう ぽふ ぱう ぱふ	本俸　連峰 説法 鉄砲　奔放　立方 立法
モー	もう	もう まう	もう一つ　啓蒙（けいもう） 申す　休まう　甘う　猛獣　本望
ヨー	よう	よう やう えう えふ	見よう　ようございます　用　容易　中庸 八日　早う　様子　洋々　太陽 幼年　要領　童謡　日曜 紅葉
ロー	ろう	ろう ろふ らう らふ	楼　漏電　披露 かげろふ　ふくろふ 祈らう　暗う　廊下　労働　明朗 候文　蠟燭（らふそく）
キュー	きゅう	きゆう きう きふ	弓術　宮殿　貧窮 休養　丘陵　永久　要求 及第　急務　給与　階級

ギュー	ぎゅう	ぎう	牛乳
シュー	しゅう	しゆう しう しふ	宗教　衆知　終了 よろしう　周囲　収入　晩秋 執着　習得　襲名　全集
ジュー	じゅう	じゆう じう じふ ぢゆう	充実　従順　臨終　猟銃 柔軟　野獣 十月　渋滞　墨汁 住居　重役　世界中
チュー	ちゅう	ちゆう ちう	中学　衷心　注文　昆虫 抽出　鋳造　宇宙　白昼
ニュー	にゅう	にゆう にう にふ	乳酸 柔和 埴＊生△（はにふ）　入学
ヒュー	ひゅう	ひう	日△向△（ひうが）
ビュー	びゅう	びう	誤謬＊（ごびう）
リュー	りゅう	りゆう りう りふ	竜　隆盛 留意　流行　川柳 粒子　建立
キョー	きょう	きよう きやう けう けふ	共通　恐怖　興味　吉凶 兄弟　鏡台　経文　故郷　熱狂 教育　矯正　絶叫　鉄橋 今日　脅威　協会　海峡
ギョー	ぎょう	ぎよう ぎやう げう げふ	凝集 仰天　修行　人形 今暁 業務
ショー	しょう	しよう しやう せう せふ	昇格　承諾　勝利　自称　訴訟 詳細　正直　商売　負傷　文章 見ませう　小説　消息　少年　微笑 交渉
ジョー	じょう	じよう じやう ぜう ぢやう でう	冗談　乗馬　過剰 成就　上手　状態　感情　古城 饒＊舌（ぜうぜつ） 定石　丈夫　市場　令嬢 箇条

		でふ	一*帖（いちでふ）　六畳
	ぢょう	ぢやう でう	盆△提△灯（ぼんぢやうちん） 一本調子
チョー	ちょう	ちよう ちやう てう てふ	徴収　清澄　尊重 腸　町会　聴取　長短　手帳 調子　朝食　弔電　前兆　野鳥 *蝶（てふ）
ニョー	にょう	によう ねう	女房 尿
ヒョー	ひょう	ひよう ひやう へう	氷山 拍子　評判　兵糧 表裏　土俵　投票
ビョー	びょう	びやう べう	病気　平等 秒読み　描写
ピョー	ぴょう	ぴよう ぴやう ぺう	結氷　信*憑性（しんぴようせい） 論評 一票　本表
ミョー	みょう	みやう めう	名代　明日　寿命 妙技
リョー	りょう	りよう りやう れう れふ	丘陵 領土　両方　善良　納涼　分量 寮　料理　官僚　終了 漁　猟

○法令における拗《よう》音及び促音に用いる「や・ゆ・よ・つ」の表記について

内閣法制局総発第125号
昭和63年７月20日

殿

内閣法制局長官総務室

法令における拗《よう》音及び促音に用いる「や・ゆ・よ・つ」の表記について（通知）

標記の件については，従来原則として大書きにすることが慣行になつているところ，「現代仮名遣い」において「なるべく小書きにする」ものとされていることにもかんがみ，当局における取扱いを別紙のとおりとすることに決定しましたので，参考までにお知らせします。

別紙

（法令審査例規）　　　　　　　　　　　　　（昭63・７・18　決裁）

法令における拗《よう》音及び促音に用いる「や・ゆ・よ・つ」の表記について

一　法令における拗《よう》音及び促音に用いる「や・ゆ・よ・つ」の表記については，次に掲げる規定の部分を除き，昭和63年12月に召集される通常国会に提出する法律及び昭和64年１月以後の最初の閣議に提案する政令（以下「新基準法令」という。）から，小書きにする。

１　新基準法令以外の法律又は政令（以下「旧基準法令」という。）の一部を改正する場合において，その施行時に旧基準法令の一部として溶け込む部分

２　旧基準法令の規定を読み替えて適用し，又は準用する規定における読替え後の部分

３　漢字に付ける振り仮名の部分

二　条約についても，一に準ずる取扱いとする。

三　一及び二は，固有名詞を対象とするものではない。

（備考）(1)　一の実施により，法律に用いられている語と当該法律に基づく政令に用いるこれと同一の語とが書き表し方において異なることとなつても差し支えない。

(2)　旧基準法令の一部を改正する場合又は読替え適用若しくは読替え準用を規定する場合に旧基準法令の規定の一部を引用するときは，その表記により引用することは当然である。

(3)　旧基準法令において例外的に小書きを用いている場合には，一１は適用せず，当該旧基準法令の表記に従つて改正する。

(4)　小書きにした「や，ゆ，よ，つ」は，タイプ又は印刷の配字の上では一文字分として取り扱うものとし，(注）に示すように，上下の中心に置き，右端を上下の字の線にそろえる。

(5)　拗《よう》音及び促音に用いるカタカナの「ャ，ュ，ョ，ッ」については従来から原則として小書きが行われてきており，今後も従来どおりの取扱いとする。

（注）

演習問題

演習問題Ⅰ

問　法制執務に関する次の記述について、正しいものには○、誤っているものには×を解答欄に記入してください。

なお、次の項目に対応する設問の番号は、それぞれ次のとおりです。

改正技術関係	1　一般的事項	1～13、76～78、81
	2　題名	14～18、79
	3　目次及び章等	19～25
	4　見出し	26～33
	5　条・項・号の一部改正	34～57
	6　条・項・号の全部改正	58～60
	7　条・項・号の廃止	61～63
	8　表・別表	64～69
	9　様式	70・71
	10　附則	72～75、80
用字・用語関係	1　用字	82～94
	2　用語	95～127

解答欄

1　法律の番号は、暦年ごとの一連番号で、施行される順に付けられる。

解答欄

2　A条例とA条例の一部を改正する条例（以下「改正条例」という。）とは、別々の条例であるから、A条例の廃止に伴い改正条例の附則も廃止したい場合には、改正条例の附則の廃止について、別途廃止する措置をとる必要がある。

A条例

平成○年○月○日
条例第○号

第１条　………
第２条　………
第３条　………

附　則

この条例は、公布の日から施行する。

附　則（平成○年条例第○号）

この条例は、公布の日から施行する。

（上記のうち、第１条から最初の附則まで：A条例）
（最後の附則：A条例の一部を改正する条例の附則）

解答欄

3　法令の一部改正が行われても、元の法令は同一性をもって存続しているのであるから、元の法令の法令番号は変わらない。

解答欄

4　条又は項に各号列記以外の部分がある場合、各号列記以外の部分を「本文」という。

第○条　………………………。
(1)　………
(2)　………
(3)　………

解答欄

5　一部改正法令では、「改正する」と「改める」という二つの同意義の文言が用いられるが、これらは、それぞれ次の場合に用いられるものである。
改正する…改正すべき法令の全体を指示して表現する場合
改める……改正すべき法令中の個々の規定を指示して表現する場合

解答欄

6　改正法令の冒頭で、「A法中「○○」を「××」に改める」という改正規定により一括して特定の語句の改正を行うことがある。この改正規定の効力は、題名、本則、附則だけでなく、先に制定されたA法の一部改正法令にも及ぶ。

解答欄

7　ある限時法の附則で他の法令の一部改正が行われた場合当限時法が期限の到来により失効しても、当該限時法の附則で行われた他の法令の改正についてまで影響を及ぼすことはない。

解答欄

8　「○○万円未満」とある規定の文言について、金額を改めたいときは、「「○○万円」を「××万円」に改める」というように、金額の部分だけを引用して改めればよい。

クイック解答　1 ×　（解説247ページ）

解答欄

9　「第３条第１項」の部分を「第３条第２項」のように改める場合の改正規定は、「「第１項」を「第２項」に改める」というように、項の部分だけを引用して改めればよい。

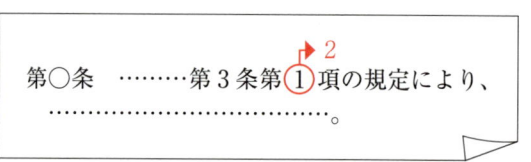

> 2
> 第○条　………第３条第１項の規定により、
> 　……………………………………。

解答欄

10　「、（読点）」は、その直前の字句に従属するものであるから、「第１条、第５条………」の部分を「「第１条、第２条、第５条………」のように改める場合の改正規定は、「第１条、」の次に「第２条、」を加える」というようにする。

> 第○条　第１条、第５条及び第８条の規定
> 　に基づく………。

解答欄

11　「。（句点）」は、その直前の字句に従属するものであるから、「………するものとする」の部分を「………しなければならない」のように改める場合の改正規定は、「「………するものとする。」を「………しなければならない。」に改める」というようにする。

解答欄

12　1の一部改正条例で同一の条例の改正を2条以上に分けて行う方式（いわゆる「2段ロケット方式」など）がとられるのは、それぞれの改正部分の施行期日を異ならせたい場合においてである。

解答欄

13　新たな条を追加する場合、既存の条を繰り下げた上で追加する方法と既存の条を繰り下げずに枝番号を用いて追加する方法とがあるが、前者の方法によるとすると繰り下げられる条文が他で引用されている場合もあるので、原則としては後者の方法がとられる。

解答欄

14　条例の題名は、できるだけその内容を正確に表すようなものでなければならないから、1の条例で他の条例も改正する場合には、改正する条例全ての題名を改正条例の題名に列挙すべきである。

A条例、B条例、C条例、D条例及び
E条例の一部を改正する条例

解答欄

15　一部改正条例の題名で、「………整備に関する条例」とされているものと、「………整理に関する条例」とされているものとがあるが、特に使い分けられているわけではない。

クイック解答　2×　3○　4×　5○
6×　7○　8○

（解説247～249ページ）

解答欄

16　かつて全部改正された条例について、再びその全部を改正するときは、その条例の制定文「○○条例（平成○年条例第○号）の全部を改正する。」を改正することにより行う。

解答欄

17　法令の題名を改正する場合には、題名の全部を改正する方式をとるのが、原則である。

解答欄

18　題名とこれに続く第１条を全部改める場合には、「題名及び第１条を次のように改める」という一つの柱書きで改正することができる。

解答欄

19　目次について一部改正をするときは、「目次中第○章の章名を次のように改める」というような改正の方式はとらない。

解答欄

20　本則において、章に含まれる条文の範囲が変わることに伴い、目次中の条名を改める場合には、例えば、「目次中「第○条の２」を「第○条の３」に改める」というように、その条名のみを引用すれば足り、「第○章　○○○（第×条―第○条の２）」というように、当該条名が用いられている部分の行全部を引用する必要はない。

解答欄

21　本則中の章名の改正については、章名全体が一体のものとして扱われ、改める部分がその一部だけである場合でも、その全体を改める方式をとるのが、原則である。節名についても、同様である。

解答欄

22　「第○章を次のように改める」という柱書きを置けば、その章の条も全て含まれるので、改めてその章の各条について「第×条を次のように改める」という必要はない。

解答欄

23　章名を加える場合の改正規定には「付する」という表現を用い、章名だけでなく、章名とともにその内容を成す条文も同時に加える場合の改正規定には「加える」という表現を用いることとされている。

クイック解答　9×　10×　11×　12○
13×　14×　15×

（解説249～250ページ）

解答欄

24　第３章が第15条から第20条までで構成されている場合、同章の次に、第20条の２から第20条の５までで構成される第３章の２を新たに追加したいときは、「第20条の次に次の１章を加える」という柱書きを置き、次の行から、第３章の２の章名及び第20条の２から第20条の５までの規定を列記すればよい。

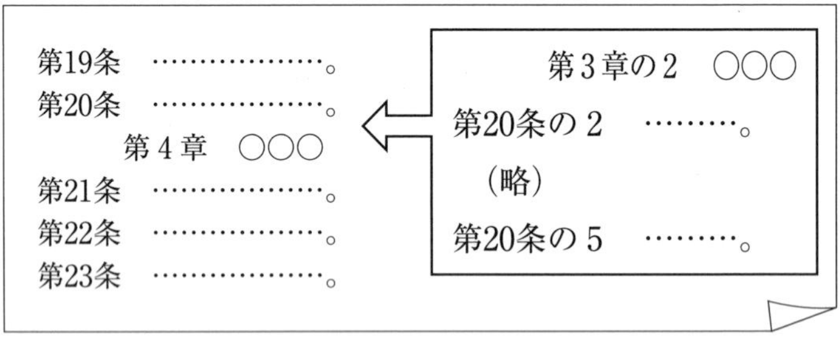

解答欄

25　章名を削る場合の改正規定は、その章名を「　」で示して、「「第○章　××」を削る」としなければならない。

解答欄

26　条文見出しがなかった条例について、特に本則中の語句の改正の必要はないが、全ての条に見出しを付けることとする場合、条例の内容は変わらないので、一般的な条例の一部改正の手続を経る必要はない。

解答欄

27　第A条と第B条の共通見出しが第A条の前に付けられている場合に、その見出しを改正するときは、その見出しは第A条固有の見出しではないので、「第A条の見出し」ではなく、「第A条の前の見出し」という表現で示さなければならない。

（○○○）
第A条　………
第B条　………
（△△）
第C条　………

解答欄

28　見出しのない条に見出しを付ける場合の改正規定は、例えば、「第○条に見出しとして「○○○」を加える」とする。

クイック解答　16×　17○　18×　19○
20○　21○　22○　23○
（解説251～252ページ）

解答欄

29　連続する条として、第A条と第C条があり、その間に第B条を加えることとする。「第A条の次に次の１条を加える」という改正規定によって、加える第B条に見出しがなければ、当然に第A条の見出しをもって、その見出しを第A条と第B条の共通見出しとすることができる。

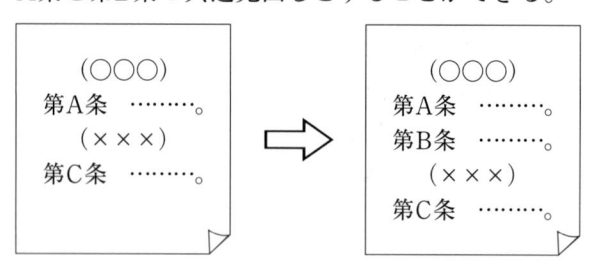

（○○○）
第A条　………。
（×××）
第C条　………。

（○○○）
第A条　………。
第B条　………。
（×××）
第C条　………。

解答欄

30　条の見出しに用いられている字句及び条文中に用いられている同一の字句を改める場合には、一の条の改正であるから、「（見出しを含む。）」という注記をする必要はない。

（A………）
第５条　………A………………。
２　………A………………。

解答欄

31　第○条の見出しに用いられている字句Ａ並びに同条中に用いられている同一の字句Ａ及びその他の字句Ｃを改める場合の改正規定は、「第○条の見出し中「Ａ」を「Ｂ」に改め、同条中「Ａ」を「Ｂ」に、「Ｃ」を「Ｄ」に改める」とする。

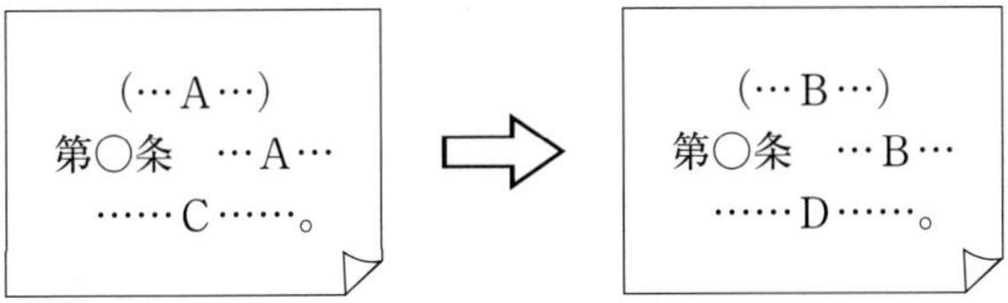

解答欄

32　三つの条の共通見出しの直後の条を「削除」とする場合には、当該見出しを削り、当該条を「第○条　削除」に改めるとともに、次の条の前に共通見出しを付けるための措置を改めて講じなければならない。

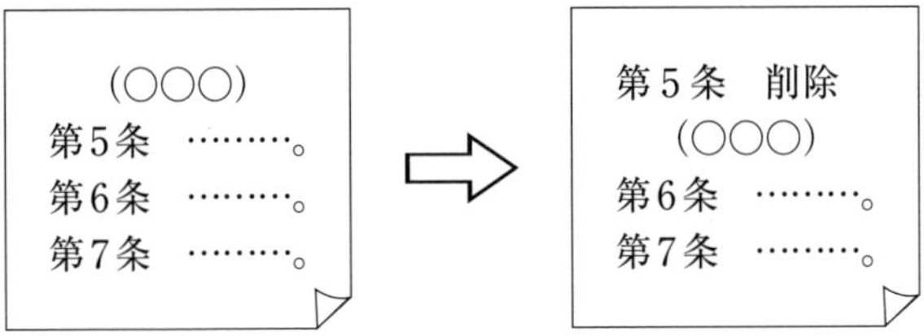

クイック解答　24×　25×　26×　27○
28×　（解説252～253ページ）

解答欄

33　共通見出しの直後にある条を削り、後続の条を繰り上げる場合には、通常、共通見出しについては触れることはなく、後続の条を繰り上げる方法がとられる。

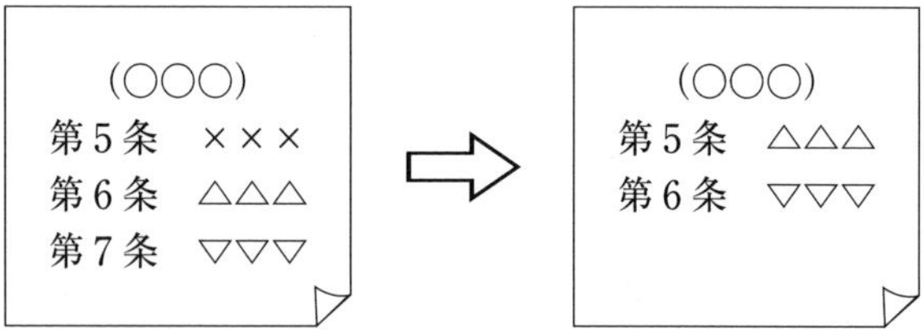

解答欄

34　新たな号を各号の途中に追加する場合において、号番号の繰下げが煩わしいときは、枝番号により追加することができる。

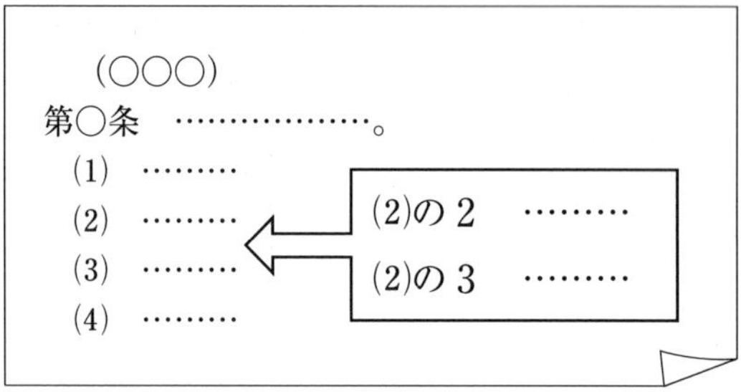

解答欄

35　複数の項から成る条に新たに項を追加する場合において、項の番号の繰下げが煩わしいときは、枝番号により追加することができる。

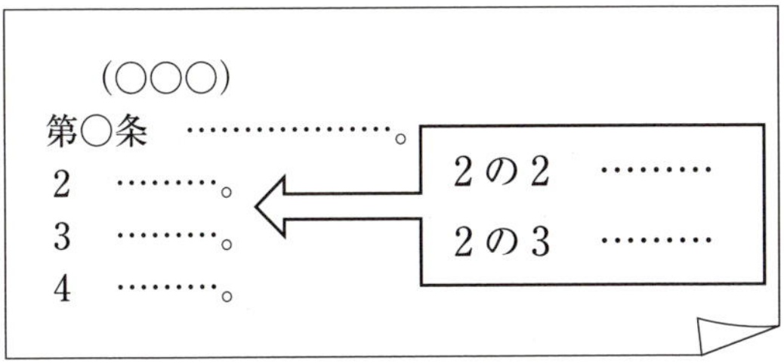

解答欄

36　条の繰下げは、原則として「第Ａ条を第Ｂ条とする」という方式によるが、字句の改正を伴わずに、連続する４以上の条を繰り下げる場合であれば「第Ｄ条を第Ｆ条とし、第Ａ条から第Ｃ条までを２条ずつ繰り下げる」というように、最後尾の条については原則どおりの繰下げ方式をとり、その前の他の３以上の条については一括して繰下げを行うこととされている。

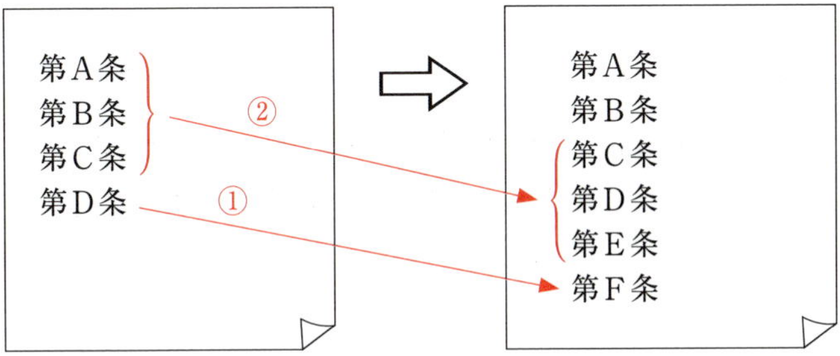

クイック解答　29×　30×　31○　32○
（解説253～254ページ）

解答欄

37　章の最初に新たな条を追加する場合には、章の最初が枝番号の条とならないように、必ず直後の条を繰り下げて枝番号の条にしなければならない。

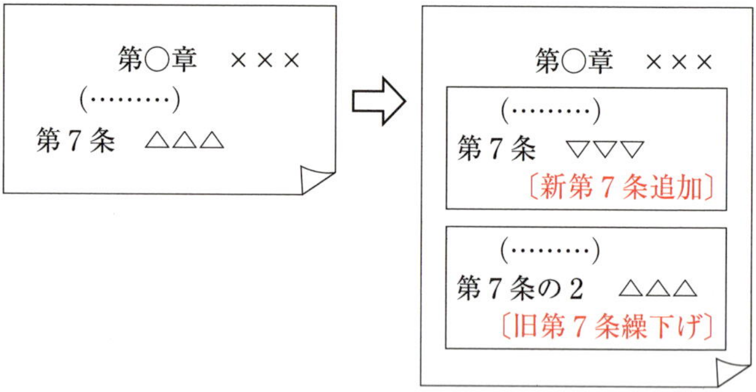

解答欄

38　新たな項を既存の項の次に追加する場合の柱書きは、「第○条第▽項の次に次の×項を加える」とする。

解答欄

39「第○条　削除」とされている条に新たな規定を設ける場合は、通常の条全体を改める場合と同様に「第○条を次のように改める」という改正規定により第○条を改めればよい。

解答欄

40　ある条を例えば三つの条に分ける場合には、その規定内容が三つの条に分けられたという内容の同一性を示すために、「第○条を次のように改める」という柱書きを置き、その次に、新たな三つの条を列記する方法をとる。

解答欄

41　号のない項に新たに号を設ける場合には、設ける号の数を明示することなく、「第○条第○項に次の各号を加える」という柱書きにより一括して追加することとされている。

解答欄

42　条に項を加える場合において、その項にただし書も含まれている場合の柱書きは、「第○条に次の１項（ただし書を含む。）を加える。」とする。

解答欄

43　条にただし書を加える場合の柱書きは、「第○条にただし書として次のように加える」とする。

解答欄

44　条にただし書を加える場合において、そのただし書に各号も従属している場合の柱書きは、「第○条に次のただし書及び各号を加える。」とする。

解答欄

45　条に後段を加える場合の柱書きは、「第○条に次の後段を加える」とする。

クイック解答　33×　34○　35×　36○

（解説254～255ページ）

解答欄

46　第○条第１号イの次に新たな号の細分（ウ以下）を設ける場合には、「第○条第１号イの次に次のように加える」という柱書きを置き、その次にウ以下を列記する方式をとる。

解答欄

47　同じ改めるべき字句が第１項と第３項とにあっても、第２項に他の字句についての改正があるときは、第１項と第３項をまとめて改正し、次いで第２項を改正するというようなことはしない。

解答欄

48　連続する数条にわたって用いられている同一の字句を改めようとする場合で、その間に他の字句等の改正がないときは、例えば、「第○条から第×条までの規定中「Ａ」を「Ｂ」に改める」という改正規定により、まとめて改めることができる。

解答欄

49　一の条の中に多数の改める字句がある場合、改める字句の一つ一つについて「改める」という改正規定を置く必要はなく、例えば、「第○条中「Ａ」を「Ｂ」に、「Ｃ」を「Ｄ」に、「Ｅ」を「Ｆ」に改める」というように「改め」を省略して、一文の改正規定にする。

解答欄

50 「第○条中「前条」を「第1条」に、「第1条」を「同条」に改める」という改正規定では、「前条」が「第1条」に改まった後に再び「同条」に改められることになって、改正の意図が正確に表現され得ないから、このような場合は、「第○条」についてその全部を改める方式をとることとされている。

解答欄

51 字句Aを追加する場所が、条、項、号の冒頭である場合の改正規定は、通常「第▽条中「○○」の前に「A」を加える」とする。

解答欄

52 条中の字句の改正とその条の移動とが必要な場合、まず条中の字句についての改正を行った上で条の移動を行うのが、原則である。

解答欄

53 単に第5条と第6条の位置を入れ替える場合の改正規定は、「第5条を第6条とし、第6条を第5条とする」とする。

解答欄

54 号の細分であるア、イ、ウ………について、例えば、イを削り、ウ以下を繰り上げる場合には、動かす細分が多い場合でも、「第○条第○号中イを削り、ウをイとし、エをウとし、オをエとし、カをオとし………」というように一つずつ移動させることとされている。

クイック解答 37×　38×　39○　40×
41○　42×　43×　44×
45×

（解説255～257ページ）

解答欄

55　号の細分であるア、イ、ウ………について、それぞれに対応する語句がある場合には、通常「次の号の細分に掲げる場合において、当該各号の細分に定める割合」というように関係を示す。

第○条　………………。
(1)　………………
(2)　次の号の細分に掲げる場合においては、当該各号の細分に定める割合
ア　………の場合　10割
イ　………の場合　5割
ウ　………の場合　1割

解答欄

56　2項から成る第5条がある場合に、その第2項を全部改めて第4項とし、新たに第2項及び第3項として2項を追加する場合の改正規定は、次のようになる。

第5条第2項を同条第4項とし、同項を次のように改める。
4　……………………………。
第5条第1項の次に次の2項を加える。
2　……………………………。
3　……………………………。

解答欄

57　２項から成る附則について第２項を削って項のない附則に改める場合の改正規定は、「附則第２項並びに附則第１項の見出し及び項番号を削る」又は「附則第２項を削り、附則第１項の見出し及び項番号を削る」とする。

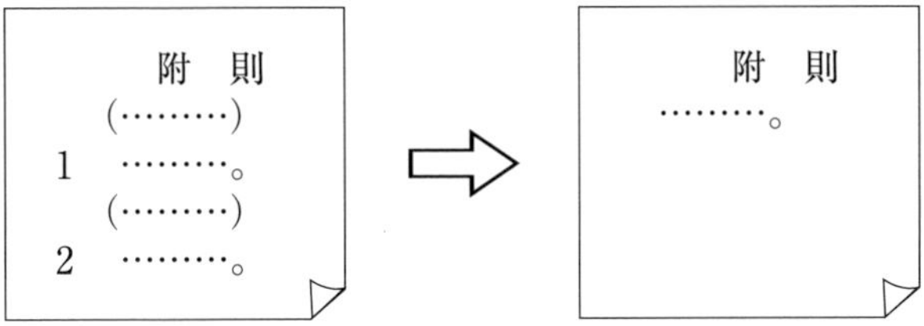

解答欄

58　既存の条を全部改める場合、その条の見出しが既存のものと同じであれば、既存の見出しはそのまま残るので、新たに見出しを付ける必要はない。

解答欄

59　条の各号を全部改める場合で、新規の号の数が既存の号の数より多くなるときは、まず同一の号番号までの部分について一括して「改める」方式により改めた上で、残りの号について「加える」方式をとらなければならない。

クイック解答

46×　47○　48○　49○
50×　51×　52○　53×
54×　（解説257～260ページ）

解答欄

60　ある条中の「(○)　○○」の全部を改める場合において、その号が例えば一つの名詞で構成されているような短いものの場合の改正規定は、「第○条第○号中「○○」を「▽▽」に改める」とする。

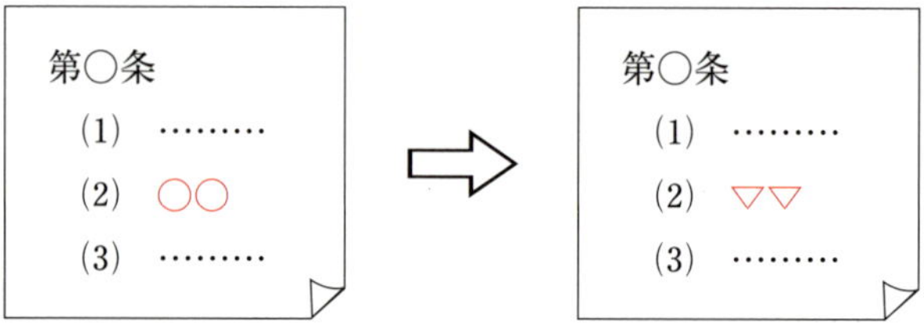

解答欄

61　法令の最後の条を抹消するときは、「第○条　削除」の方式でなく、「第○条を削る」の方式をとる。

解答欄

62　多数の項から成る条の途中の項を廃止する場合、項番号の繰上げが煩わしいときは、例えば「3　削除」とする方式をとる。改正規定は、次のようになる。

> 第○条第3項を次のように改める。
> 3　削除

解答欄

63　ある条の項、号、ただし書又は後段を削る場合の改正規定は、「第○条中第×項（第▽号、ただし書、後段）を削る」というように、「第○条」の次に必ず「中」の語を置く。

解答欄

64　法令における縦書きの表については、通常、縦の区切りを「欄」と、横の区切りを「項」と呼ぶ。

解答欄

65　法令における横書きの表については、通常、横の区切りを「欄」と、縦の区切りを「項」と呼ぶ。

クイック解答　55×　56×　57○　58×
59×

（解説260～262ページ）

解答欄

66　既存の別表を別表第２とし、かつ、同表の後に付録を加えるとともに、新たな別表第１を加える場合には、次のいずれかの改正方式による。

　別表を別表第２とし、同表の次に次の付録を加える。
付録（第△条関係）
　………………
　附則の次に次の１表を加える。
別表第１（第×条関係）

又は

　別表を別表第２とし、同表の次に次の付録を加える。
付録（第△条関係）
　………………
　附則の次に別表第１として次の１表を加える。
別表第１（第×条関係）

解答欄

67　既存の別表第１及び別表第２を統合して新たに一つの別表とする場合の改正方式は、「別表第１及び別表第２を削り、附則の次に次の別表を加える」とする。

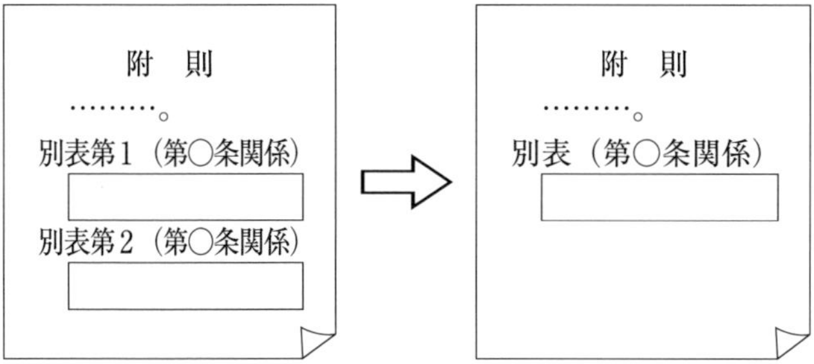

解答欄

68　既存の別表を別表第１とし、別表第２を加える場合には、次の改正方式による。

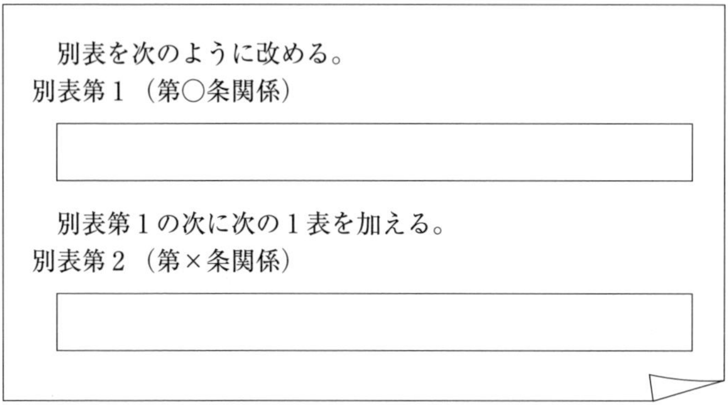

クイック解答　60×　61○　62×　63×
64×　65×　（解説262～263ページ）

解答欄

69　別表については、「別表」の表示の次に、その根拠規定を示す「(第○条関係)」を付けることとされているが、附則別表については、これを付けなくてもよい扱いとされている。

解答欄

70　様式については、「様式第○号」の表示の次に本則中の条との関連を示す「(第○条関係)」を付けることとされているが、本則の条の繰上げ・繰下げが行われた場合には、この部分は、自動的に変更されるため、特に改正の必要はない。

解答欄

71　様式については、条、項又は号のように、改正箇所を特定する語句がないので、「別記様式（裏面）中」「別記様式備考中」などのように改正の対象範囲を絞り込むことはできない。

解答欄

72　一部改正条例により改正された規定を全て遡及適用する場合であれば、当該一部改正条例の附則に、「この条例は、公布の日から施行し、平成○年○月○日から適用する」旨の規定を置く。

解答欄

73　一部改正条例により改正された規定の一部（第○条）を遡及適用する場合であれば、当該一部改正条例の附則に「この条例は、公布の日から施行し、改正後の第○条の規定は、平成○年○月○日から適用する」旨の規定を置くのが、通例である。

解答欄

74　条例の委任により当該条例の施行期日を定める規則には、その規則自体の施行期日を定める規定は置く必要がないとされている。

解答欄

75　制定時の附則で規定された他法令の一部改正を内容とする規定（条又は項）は、その後、当該附則を改正するような場合でも削ることはできないものとされている。

解答欄

76　法令の内容を全面的に改める場合の方式として、全部改正の方式をとるものと廃止制定の方式をとるものとの二つがあるが、通常、新旧両制度の継続性をそれほど強調する必要がないとき、又はその継続性が比較的薄いと考えられるときには、廃止制定の方式がとられることが多い。

クイック解答　66○　67×　68×　（解説263～264ページ）

解答欄

77　法令の全部改正の場合でも、従来の同一の題名が引き続き用いられるときは、法令番号についても一部改正の場合と同様に、従来の法令番号が引き続きそのまま用いられる。

解答欄

78　ある法令が廃止された場合、当該法令の一部を改正する法令の附則も同時に消滅することになるが、当該法令に関連する下位法令については、別途、廃止の手続をとる必要がある。

解答欄

79　既存の条例を廃止する条例の題名は、「○○条例を廃止する条例」とされるのが通例であるが、ある条例を廃止すると同時にそれに関連する諸措置を規定する場合には、その条例の題名は、「○○条例の廃止に関する条例」又は「○○条例を廃止する等の条例」とする。

解答欄

80　例えば「この条例は、平成25年12月25日までに廃止するものとする」旨の規定が置かれている条例は、その期限の到来により、自動的に廃止されることになる。

解答欄

81　法令は、廃止措置が採られない限り、実質的に効力を失うことはない。

解答欄

82　法令における副詞の表記については、原則として漢字を用いる。

解答欄

83　法令における接続詞の表記については、「及び」、「並びに」、「又は」、「若しくは」の4語以外は、平仮名で書くのが原則である。

解答欄

84　「付」及び「附」の語は、いずれも常用漢字であるが、法令においては、原則として、「付則」ではなく、「附則」の表記が用いられる。

解答欄

85　法令において使用する漢字の字種及び音訓は、平成22年内閣告示第2号の「常用漢字表」によることを原則とするが、専門用語等であって、他に言い換える言葉がなく、しかも平仮名で表記すると理解することが困難であると認められるようなものについては、振り仮名を付けた上で、「常用漢字表」にない漢字を用いてもよいこととされている。

解答欄

86　平成22年11月30日付けで常用漢字表が改定されたことに伴い、その旨の告示がされた日以降に制定された法令については改定後の常用漢字表に従うが、同日前に制定された法令については、その一部改正の際も改定前の常用漢字表に従って表記する。

クイック解答　69○　70×　71×　72×
73○　74○　75×　76○

（解説264～266ページ）

演習問題

解答欄

87　法令においては、繰り返し符号は、一切使用しないこととされている。

解答欄

88　法令においては、「cm」「%」等の単位を示す記号は、一切使用しないこととされている。

解答欄

89　法令文における拗《よう》音や促音の表記については、他の音と区別しないで同じ大きさで書くのが慣行となっているが、外来語について片仮名書きする場合の拗《よう》音や促音の表記については、一般社会や公用文における用法と同じように、他の音より小さく書くこととされている。

解答欄

90　縦書きの法令に表を設ける場合、その表中の数字の表記については、必ず、十、百、万などの単位を表す漢字を用いて正確な発音どおりに漢数字で表記しなければならない。

解答欄

91　横書きの例規に表を設ける場合、その表中の数字の表記については、漢数字「億」「万」「千」は用いずに、必ず三桁区切りを「,」を示し、表記しなければならない。

解答欄

92　号の規定の文言が名詞形で終わるときは原則として句点（。）を付けないが、「こと」又は「とき」で終わるときは、句点を付けなければならない。

解答欄

93　法令文において、文頭に置く接続詞は、必ず漢字で書くこととされている。

解答欄

94　法令において、動詞、形容詞又は副詞を並列して用いる場合には、これらをつなぐ「及び」、「又は」等の接続詞の前に読点（、）を付けるのが通常であるが、これらの並列する語が条件句の中に置かれる場合であって読点を付けない方がかえって文章の理解を容易にすると認められるようなときは、読点を省略することがある。

解答欄

95「１万円を超える金額」という場合は、その金額は、１万円を含めずそれより多い金額を意味する。

解答欄

96「４月１日前」という場合は、４月１日を含まず同日より前の時間的広がりを表し、「３月31日以前」というのと異ならない。

クイック解答				
	77×	78○	79○	80×
	81×	82○	83○	84○
	85○	86×		（解説266～268ページ）

解答欄

97 「……の日から」という場合は、「後」というのと同じく、起算点が午前零時でない限り起算日を含まず、「………の日から起算して」というのは、「以後」というのと同じく、起算日が含まれる。

解答欄

98 「給料、手当及び旅費の額及び支給方法は、条例で定めなければならない」という規定における接続詞の用法には、誤りがある。

解答欄

99 「申請者若しくはその代理人は、申請書に施設の利用希望期間を記入しなければならない」という規定における接続詞の用法には、誤りがある。

解答欄

100 「基金は、誠実、かつ、適切に運用しなければならない。」という規定における読点の用法には、誤りがある。

解答欄

101 「課する」とは、国又は地方公共団体等の公的な団体が、国民又は住民に対し、公権をもって租税等を賦課し、徴収することをいう。したがって、手数料のように公権をもって徴収しない金銭については、「課する」という語は用いられない。

解答欄

102 「第○条から前条まで」という表現は、ある条においてその直前に先行する一部の条を指示する場合でその条数が4以上の条を指示するときに用いられる。

解答欄

103 「次条から第○条まで」という表現は、ある条においてその直後の条からこれに続く条数が4以上の条を指示する場合に用いられる。

解答欄

104 「この限りでない」という語は、ある規定の全部又は一部を打ち消し、その適用除外を定める場合に「後段」の結語として用いられるのが、通例である。

解答欄

105 法令の「適用」とは、「施行」が法令の規定の効力の発動という一般的観念を表す語であるのに対して、法令の規定が、個別的、具体的に特定の人、特定の地域、特定の事項について、現実に発効し、作用することを意味する語である。

解答欄

106 「することができない」という語は、通常、法律上の権利又は能力がないことを表す場合に用いられる。したがって、この語が用いられている規定に違反した場合に、罰則の対象とされることは少ないが、当該規定に違反した行為は、法律上の行為としては瑕疵《かし》があることになる。

クイック解答 87× 88× 89× 90×
91× 92○ 93× 94○
95○ 96○ （解説268～270ページ）

解答欄

107　法令においては、「みなす」の語は、ある事物について、これと本来異なる他の事物と判断しておき、反証があれば覆ることもあり得ることを意味する語として用いられる。

解答欄

108　法令においては、「前各条」の語は、ある条においてその条に先行する条の全てを指示する場合の表現として用いられる語で、その先行する条数が５以上のときに用いられる。

解答欄

109「前項に規定する場合において」と「前項の場合において」との違いは、前者が当該前項の全部を受ける場合に用いられるのに対して、後者は当該前項中の仮定的条件を示す部分を受ける場合に用いられる点にある。

解答欄

110　法律が「船舶、車両又は航空機に設置されるものその他の政令で定めるもの」と定めている場合、政令では、「その他の」の語の前にある「船舶、車両又は航空機に設置されるもの」についても改めて定めなければならない。

解答欄

111　法律が「日本輸出入銀行、海外経済協力基金その他政令で定める機関」と定めている場合、政令では、「その他」の語の前にある「日本輸出入銀行、海外経済協力基金」については改めて定める必要はない。

解答欄

112　法令においては、「ただし」の語は、通常、除外例や例外的条件を規定する場合のつなぎの語として用いられ、この語を用いたただし書は、改行することなく、主たる文章（本文）に続けて書かれる。

解答欄

113　「この場合において」という語は、主たる文章（前段）の趣旨を補足的に説明する場合や、主たる文章（前段）と密接な関係を有する内容を続けて規定する場合に、そのつなぎの語として用いられる。「この場合において」の語で始まる文章（後段）は、主たる文章（前段）に続けることなく、必ず、改行の上、書かなければならない。

解答欄

114　法令で用いられる「遅滞なく」、「直ちに」及び「速やかに」の語を時間的即時性の程度の強い順に並べると、①「直ちに」、②「速やかに」、③「遅滞なく」という順になる。そして、「直ちに」及び「遅滞なく」の語が用いられている場合にはその遅滞により義務違反となるのを通例とするのに対し、「速やかに」の語が用いられている場合には当該規定は訓示的なものとされることが多い。

解答欄

115　法令においては、「とき」という語は必ずしも時点という限定された意味に用いられないのに対して、「時」という語は時期、時刻という趣旨を明確に表す場合に用いられる。

クイック解答　97○　98×　99○　100○
101○　102○　103×　104×
105○　106○　（解説270～272ページ）

解答欄

116　廃止された法令の効力を一時持続させる必要がある場合、その経過措置の定め方として「なお従前の例による」又は「なおその効力を有する」のいずれかの文言が用いられるが、後者の文言が用いられた場合には、その後において当該廃止された法令の規定について改めることができるものとされている。

解答欄

117　「別段の定め」の語が用いられるのは、常に他の法令との関係のみにおいてであって、この語と、当該条項で定められているのとは異なる趣旨を定めている当該法令の他の定め（規定）を指す場合に用いられる「特別の定め」の語とは、その用法が異なる。

解答欄

118　「又は」と「若しくは」は、いずれも選択的接続詞であるが、法令においては、選択される語句に段階がある場合、段階が幾つあっても、一番大きな選択的連結に一回だけ「又は」を用い、その他の小さな選択的連結には繰り返して「若しくは」を用いる。

解答欄 119　「物」という語は、法律上の人格を有する自然人又は法人を指す語である「者」とは異なり、いかなる場合でも、「もの」と平仮名書きしても差し支えないものとされている。

解答欄 120　法令においては、「もの」の語は、「者」又は「物」に更に要件を重ねて限定して説明するときにも用いられる。

解答欄 121　法令においては、「………の例による」という文言は、具体的な個々の条文のみを対象としないで、他の法令の下における制度や手続を包括的に当てはめて適用することを表す文言として用いられる。

解答欄 122　条又は号を廃止する場合には、「削る」と「削除」という二つの文言（方法）が用いられるが、前者は改めたい部分を跡形もなく消してしまいたい場合に、後者は改めたい部分を「削除」という形で改め、条名、号名等はそのままとしておきたい場合にそれぞれ用いられる。

クイック解答　107×　108×　109×　110○
111○　112○　113×　114○
115○　（解説273～274ページ）

解答欄

123　「準ずる」の語は、「準ずる」とされるもの（B）について、「準じられるもの（A）そのものではないがその（Bの）性質、内容等が、準じられるもの（A）とおおむね同様又は類似の」ものであることを表す場合に用いられる。

解答欄

124　「適用する」の語が、その規定の本来の目的とする対象に対して規定を当てはめることをいうのに対して、「準用する」の語は、ある事象に関する規定を、それと類似する他の事象について、必要ならば一部を読み替えて働かせようとするときに用いられる。

解答欄

125　法令でよく用いられる「当該」の語は、基本的には、「その」という連体詞と異なるところはないから、「当該」ではなく全て「その」を用いることとしたとしても、そのニュアンスまでが異なることにはならない。

解答欄

126　ある事柄について創設的、拘束的な意味をもたせる場合の述語としては「………とする」の語が用いられるのに対し、「………とするものとする」の語は、一般的な原則や方針を規定する場合又は行政機関等に一定の拘束を与える場合の述語として用いられる。

解答欄

127　「許可」と「認可」の語は、実定法上区別せずに用いられている場合もあるが、講学上は、「許可」とは「法令により一般的に禁止されている行為を、特定の場合にその禁止を解除し、適法にその行為ができるようにすること」をいい、「認可」とは「公の機関の同意によって法律上の行為の効力が完成することとされているものについて公の機関が同意すること」をいう。

クイック解答　116○　117×　118○　119×
120○　121○　122○　123○
124○　125×　126○　127○

（解説274～277ページ）

演習問題Ⅱ

問１から問５までに掲げる条例・規則について、その一部を改正することになりました。改正の内容は、それぞれ問１から問５までに示す手入れのとおりです。当該条例・規則の一部を改正する条例・規則を立案してください。

立案に当たっての注意事項

① 公布文から始め、配字その他の法制執務上の形式の原則を守ること。
② 公布年月日及び施行期日は、それぞれ「令和○年○月○日」とすること。
③ 市（町）長名は、「法制太郎」とすること。
④ 条例番号及び規則番号は、それぞれ「第×号」とすること。
⑤ 「手入れ」以外は、改める必要はないものとすること。

問１　Ｇ市行政組織条例の一部を改正する条例の立案

Ｇ市行政組織条例

昭和60年12月12日

条例第11号

部

（部及び室の設置）

第１条　市長の権限に属する事務を分掌させるため、次に掲げる部及び室を設置する。

部

総務部

~~秘書渉外室~~

経営政策部

市民部　市民生活環境部

保健福祉部

産業観光部

建設部

公営企業部

（分掌事務）

第２条　前条に規定する部の分掌事務は、おおむね次のとおりとする。

総務部

⑴　議会、選挙その他行政一般に関すること。

⑵　情報公開及び個人情報保護に関すること。

⑶　文書法制に関すること。

⑷　公印の管理に関すること。

⑸　消防、防災及び防犯に関すること。

⑹　職員の人事、給与、福利厚生等に関すること。

⑺　財産及び契約に関すること。

⑻　税務（国民健康保険税を除く。）に関すること。

(9) その他、他の部に属さないこと。

秘書渉外室

(1) 秘書及び渉外に関すること。

(2) 広聴及び広報に関すること。

経営政策部

(1) 市の政策の企画立案に関すること。

(2) 市の政策の推進及び調整に関すること。

(3) 秘書及び渉外に関すること。

(4) 広聴及び広報に関すること。

(5) (3) 財政に関すること。

(6) (4) 行政改革に関すること。

(7) (5) 情報システムに関すること。

市民部 市民生活環境部

(1) 市民活動の支援に関すること。

(2) (1) 交通安全に関すること。

(3) (2) 市民の保護その他市民生活に関すること。

(4) (3) 住民記録及び戸籍に関すること。

(5) (4) 国民健康保険に関すること。

(6) (5) 老人保健に関すること。

(7) (6) 環境対策に関すること。

保健福祉部

(1) 福祉施策の企画調整に関すること。

(2) 児童、障害者及び高齢者の福祉に関すること。

(3) 生活保護に関すること。

(4) 保健及び健康増進に関すること。

(5) 介護保険に関すること。

産業観光部

(1) 農業対策の総合調整及び林務に関すること。 、林務及び農業振興施策

(2) 商工観光に関すること。

(3) 労働行政に関すること。

⑷　農業土木に関すること。

⑸　森林土木に関すること。

　建設部

⑴　道路、橋梁《りよう》、河川及び水路に関すること。

⑵　市営住宅その他住宅に関すること。

⑶　水防に関すること。

⑷　都市計画に関すること。

⑸　景観に関すること。

⑹　区画整理事業に関すること。

⑺　法定外公共物に関すること。

　公営企業部

⑴　上水道及び簡易水道に関すること。

⑵　下水道に関すること。

（委任）

第３条　この条例に定めるもののほか、部等の内部組織、その分掌する事務その他必要な事項は、規則で定める。

附　則

この条例は、昭和61年１月４日から施行する。

問２　Ｇ市行政組織規則の一部を改正する規則の立案

Ｇ市行政組織規則

平成16年10月12日

規則第３号

第１条及び第２条　略

（部の内部組織）

第３条　部の内部組織は、次のとおりとする。

部又は室	課又は室	係又は班
総務部	総務課	総務係　消防防災係　人事給与係
	管財課	管理係　契約係　検査係
	税務課	市民税係　資産税係
	収税課	収納係　管理係
秘書渉外室	秘書室	秘書係
	渉外課	広聴広報係　行政改革係
経営政策部	経営企画課	総合体育館建設班 経営政策係　秘書係　広聴広報係
	財政課	財政係　行政改革係
	情報政策課	情報化推進係　情報システム係
市民部	市民課	市民生活係　住民記録係　戸籍係
	国民健康保険課	国保総務係　高齢者医療・年金係
	環境推進課	ごみ減量係　環境係

市民生活環境部	市民活動支援課	市民活動支援係　市民生活係 市民相談係
	戸籍住民課	住民記録係　戸籍係
	国民健康保険課	国民健康保険総務係 高齢者医療・年金係
	環境推進課	ごみ減量係　環境係

保健福祉部 (福祉事務所)	福祉総務課	福祉総務係　障害福祉係
	児童課	児童係
	保育課	総務係　保育所係
	生活援護課	生活保護係
	高齢福祉課	高齢福祉係　高齢者支援係
	健康づくり課	健康企画係　母子保健係 成人保健係
	介護保険課	介護総務係　認定審査係
産業観光部	農林振興課	農林経営係　農産推進係
	観光商工課	観光企画係　観光振興係 商工労働係
	農林土木課	農林土木係
建設部	管理総務課	総務住宅係　管理係　地籍係
	土木課	建設係　用地係
	まちづくり整備課	計画指導係　公園管理係 駅前周辺整備係
公営企業部	業務課	総務係　料金係
	水道課	工務係　維持係
	下水道課	総務係　施設係

2　前項に定めるもののほか、次の表の組織に掲げる係は、同表の現地機関の欄に定める機関を所管するものとする。

組　　織	現地機関
環境推進課環境係	クリーンセンター
福祉総務課福祉総務係	総合保健福祉センター

第4条以下　略

高齢福祉課高齢者支援係	地域包括支援センター

問３　Ｂ市防災会議条例の一部を改正する条例の立案

Ｂ市防災会議条例

平成16年８月30日
条例第19号

（趣旨）

第１条　この条例は、災害対策基本法（昭和36年法律第223号）第16条第６項の規定に基づき、Ｂ市防災会議（以下「防災会議」という。）の所掌事務及び組織を定めるものとする。

（所掌事務）

第２条　防災会議は、次の各号に掲げる事務をつかさどる。

⑴　Ｂ市地域防災計画を作成し、及びその実施を推進すること。

⑵　市長の諮問に応じて市の地域に係る防災に関する重要事項を審議すること。

⑵　市の地域に係る災害が発生した場合において、当該災害に関する情報を収集すること。

⑶　前２号に掲げるもののほか、法律又はこれに基づく政令によりその権限に属する事務

⑷

前３号

⑶　前号の重要事項に関し、市長に意見を述べること。

（会長及び委員）

第３条　防災会議は、会長及び委員30人以内をもって組織する。

35人

２　会長は、市長をもって充てる。

３　会長は、会務を総理する。

４　会長に事故があるときは、あらかじめその指名する委員が、その職務を代理する。

５　委員は、次に掲げる者をもって充てる。

(1)　指定地方行政機関の職員のうちから市長が委嘱する者

(2)　Ｃ県の知事の部内の職員のうちから市長が委嘱する者

(3)　Ｃ県警察の警察官のうちから市長が委嘱する者

(4)　市長がその部内の職員のうちから指名する者

(5)　教育長

(8)　自主防災組織を構成する者又は学識経験のある者のうちから市長が委嘱する者

(6)　消防団長

(7)　指定公共機関又は指定地方公共機関の職員のうちから市長が委嘱する者

及び第８号

6　前項第７号の委員の任期は、２年とする。ただし、補欠の委員の任期は、その前任者の残任期間とする。

7　前項の委員は、再任されることができる。

（専門委員）

第４条　防災会議に、専門の事項を調査させるため、専門委員を置くことができる。

2　専門委員は、関係地方行政機関の職員、Ｃ県の職員、市の職員、関係指定公共機関の職員、関係指定地方公共機関の職員及び学識経験のある者のうちから、市長が委嘱する。

3　専門委員は、当該専門の事項に関する調査が終了したときは、解嘱されるものとする。

（議事等）

第５条　この条例に定めるもののほか、防災会議の議事その他防災会議の運営に関し必要な事項は、会長が防災会議に諮って定める。

附　則

この条例は、平成16年10月１日から施行する。

問４　こどもの家の設置に関する条例の一部を改正する条例の立案

こどもの家の設置に関する条例

A町　及び管理

平成24年３月29日
条例第16号

（設置）
第１条　児童文化の振興と児童の健全育成に寄与するため、地方自治法（昭和22年法律第67号）第244条第１項の規定に基づき、こどもの家を設置する。

（名称及び位置）
第２条　こどもの家の名称及び位置は、次のとおりとする。
名称　A町こどもの家
位置　A町○○○○868番地の２

（事業）
第３条　A町こどもの家（以下「こどもの家」という。）は、次に掲げる事業を行う。

及び

(1)　児童文学に関する図書、その他の資料を収集し、児童並びに一般の利用に供すること。

読点トル

(2)　児童の読書、文化活動等に関する諸集会及び児童文学等に関する講座を開催すること。
(3)　紙芝居、遊具、児童劇、人形劇等の資料収集を行い、これらの研究等の利用に供すること。
(4)　児童等に対し、人形劇、映画会、音楽会等児童文化に関する諸集会を開催すること。
(5)　~~視聴覚教育の研究及び~~視聴覚機材の利用に供すること。
(6)　前各号に掲げるもののほか、こどもの家の設置の目的を達成するために必要な事業

及び開館時間

ただし、教育委員会が必要と認めるときは、これを変更し、又は臨時に休館することができる。

（休館日）

第４条　こどもの家の休館日は、次のとおりとする。

⑴　月曜日（国民の祝日に関する法律（昭和23年法律第178号）に規定する休日に当たるときは、その翌日）

⑵　12月28日から翌年１月４日まで

2　こどもの家の開館時間は、午前９時から午後５時までとする。ただし、教育委員会が必要と認めるときは、これを変更することができる。

２　教育委員会が特に必要があると認めるときは、前項の休館日を変更し、又は臨時に休館日を定めることができる。

（こどもの家運営委員会）

第５条　こどもの家の適正な運営に資するため、こどもの家運営委員会（以下「委員会」という。）を設置する。

（委員会の委員）

第６条　委員会の委員は、自治会長、PTAを代表する者及び児童教育に関する学識経験を有する者のうちから教育委員会が委嘱する。

（庶務）

第７条　委員会の庶務は、社会教育課において処理する。

第５条から第７条まで　削除

（利用許可）

第８条　こどもの家の施設及び設備（以下「こどもの家施設等」という。）を利用しようとする者は、あらかじめ館長の許可を受けなければならない。

こどもの家施設等

（利用許可の制限）

第９条　館長は、こどもの家の施設等の利用が次の各号のいずれかに該当するときは、その利用を許可しないものとする。

⑴　営利を主たる目的とするとき。

⑵　秩序又は風俗を乱し、又は乱すおそれのあるとき。

⑶　特定の政党、特定の宗教等の宣伝及び活動を目的とする利用を

しようとする個人又は団体　こどもの家施設等

⑷　こどもの家の施設等を損傷するおそれのあるとき。

⑸　こどもの家の管理運営上、支障があるとき。

（使用料）

第10条　こどもの家の使用料は、無料とする。

第11条　削除

（目的外利用等の禁止）　こどもの家施設等

第12条　こどもの家の施設等の利用を許可された者は、目的以外の目的に利用し、又はその利用する権利を譲渡し、若しくは転貸することができない。

（模様替え等）

第13条　利用者は、こどもの家の利用に際し、こどもの家施設等を模様替えし、又はこれに設備等を付加しようとするときは、あらかじめ館長の許可を受けなければならない。

（原状の回復）　又はその委任を受けた者

第14条　利用者は、その利用を終了したときは、速やかに原状に回復し、館長の検査を受けなければならない。

（利用許可の取り消し等）　取消し等

第15条　館長は、次の各号のいずれかに該当するときは、利用の許可を取り消し、又は利用を制限し、若しくは停止させることができる。

⑴　利用者がこの条例又はこの条例に基づく規則の規定に違反したとき。

⑵　利用者が不正な手段により、利用の許可を受けたとき。

⑶　こどもの家の管理上支障があるとき。

2　町は、前項の規定による取り消し等により利用者が受けた損害については、賠償の責めを負わない。　取消し等

（損害賠償）

又は

第16条　利用者は、こどもの家施設等を損傷し、若しくは滅失したときは、教育委員会の認定に基づきその損害を賠償しなければならない。

（委任）

第17条　この条例の施行に関し必要な事項は、教育委員会規則で定める。

附　則

この条例は、平成24年４月１日から施行する。

問５　Ｅ町事務分掌規則の一部を改正する規則の立案

Ｅ町事務分掌規則

平成11年４月１日
規則第２号

（課及び係の設置）

第１条　Ｅ町事務分掌条例（平成11年Ｅ町条例第７号）第１条に規定する部の事務を分担処理させるため、次の課及び係を置く。

部　名	課　名	係　　名
（略）		

（職の設置）

第２条　部に部長を、課に課長を、係に係長を置く。

２　部に次長を、課に副課長を置くことができる。

、課長補佐及び主任

~~３　町長が指定する課に、課長補佐及び主任を置くことができる。~~

３　４　前条に定める部に必要な施設を置くことができる。

~~５　前項の施設の館長は、所管する部の部長をもって充てる。~~

４　６　第４項の施設に係る職の設置及びその職務については、別に定める。

前項

（部長~~、課室長、係長~~等の職責及び職務権限）

第３条　前条に掲げる職の職責及び職務権限は、Ｅ町事務処理規則（平成11年Ｅ町規則第10号）の定めるところによる。

（プロジェクトチーム）

第４条　第１条に定めるもののほか、町長は、２以上の部の分掌事務に係る特定の重要課題で緊急に処理する必要があるものを処理させるためプロジェクトチームを置くことができる。

（分掌事務）

第4条　課及び係の分掌する事務は、おおむね別表のとおりとする。

5

（関連する事務の分掌）

第5条　2以上の課又は係に関連する事務は、最も関係の深い課又は係において分掌するものとし、その他の関係のある課又は係は当該事務に協力するものとする。

6

（主管の明らかでない事務の所管決定）

第6条　主管の明らかでない事務については、その都度町長がその事務を分掌する課及び係を定める。

7

（特別の場合における事務の処理）

第7条　部長は、効率的かつ迅速な事務処理を確保するため必要があると認めるときは、部内の事務分担に関する規定にかかわらず、当該課において処理すべき事務以外の事務を、当該部内の他の課に処理させることができる。

8

（事務の応援）

第8条　町長は、緊急事務処理のため必要があるときは、この規則により定める所管にかかわらず、事務の応援を命ずることがある。

9

3

2　部長は、所管事務の緊急処理のため必要があるときは、町長の承認を得て所属職員について前項に準じた措置を採ることができる。

第1項

2　部長は、緊急事務処理のため応援を求める必要があるときは、人員及び期間を定めた上で、その旨を町長に申し出なければならない。

演習問題

（会議の設置）

第9条　重要事項の計画、調整及び連絡のため、庁議、部長会、課長
10 会その他必要な会議を設けることができる。

附　則

この規則は、平成11年４月１日から施行する。

別表（第４条関係）

表　略 5

演習問題Ⅰの解説

解答欄 ×

1　法律の番号は、施行される順ではなく、公布される順で付けられる。

解答欄 ×

2　A条例を廃止しても、A条例の一部を改正する条例（以下「改正条例」という。）が廃止されることにはならない。したがって、改正条例の附則は、そのまま条例として残っていることになる。しかし、改正条例の「本則」は、その施行と同時にA条例の改正の効果を挙げ、使命を果たして実質的な存在価値を失っており、その附則だけが実質的意義をもって存在しているわけであるが、元の条例であるA条例を廃止すれば、その改正条例は、必然的に存在価値を失い、A条例とともになくなってしまうものとして取り扱われている。したがって、わざわざ改正条例を廃止する措置をとる必要はない。

解答欄 ○

3　ただし、法令の全部改正の場合は、実質的には旧法令を廃止し、新法令を制定したのと同視することができるから、全部改正後の法令に新しい法令番号を付けることになっている。

解答欄 ×

4　ある条又は項中に各号で列記された部分がある場合に、その各号の部分以外のいわゆる柱書きの部分は、「各号列記以外の部分」といい、「第○条各号列記以外の部分を次のように改める」というように用いられる。なお、「本文」は、「ただし書」に対し、主たる文章の部分を呼称する語である。

解答欄
○

5　「改正する」は、改め、加え、削り、繰り下げ、繰り上げるなどを包括的に捉える場合の用語であり、既存の法令の一部を改正する法令の題名と改正文（本則冒頭の柱書き）に使う。したがって、既存の法令を一部改正する場合には、最初の柱書き（改正文）において、「○○○条例（平成○年A市条例第○号）の一部を次のように改正する」と書き、これに続けて、「第○条を次のように改める」とか、「第○条中「○○」を「××」に改める」というように、「改める」を使って改正の具体的内容を示す。

解答欄
×

6　設問の改正規定の効力は、A法の本則及び附則のほか、別表、様式に及ぶが、先に制定されたA法の一部を改正する法律には及ばない。なお、題名にも同じ「○○」の語があり、これを改める必要があるときは、題名については、その全部を改める改正規定を別個に置くのが原則である。なお、設問17の解説参照。

解答欄
○

7　附則であれ、本則であれ、既存の法令の一部改正を内容とする法令（以下「改正法令」という。）の規定は、当該改正規定の施行により一部改正の効果が生じ、元の法令の中に溶け込んでしまうのであるから、改正法令の失効は、その改正の効果に影響を及ぼすものではない。

解答欄 ○

8　「未満」と金額の部分とは、切り離すことができないほど一つの言葉となっているわけではないので、設問のとおり、金額を改めたいときは、「「○○万円」を「××万円」に改める」というように、金額の部分だけを引用して改めればよい。ただし、「「○○万円未満」を「××万円未満」に改める」というように引用されることもある。

解答欄 ×

9　改正規定においては、一つの独立した意味を持つ言葉は、まとめて引用するのが原則である。したがって、設問の場合の改正規定は、「「第３条第１項」を「第３条第２項」に改める」というようにする。特定の条の特定の項を言い表すには、「第○条第○項」ということによってのみ言い表すことが可能だからである。

解答欄 ×

10　「、(読点)」は、その直後の字句に従属するものと解すべきであるから、設問の場合の改正規定は、「「第１条」の次に「、第２条」を加える」というようにする。

解答欄 ×

11　「。(句点)」は、文章の終わりを示す符号であるから、設問の場合の改正規定は、「「……するものとする」を「……しなければならない」に改める」というようにする。

解答欄 ○

12　設問のとおり。

解答欄
×

13　「引用されている場合がある」という理由だけで、「原則としては後者の方法がとられる」ということにはならない。枝番号を多用することは、場合によっては法令を複雑にすることもあるので、その都度、ケースに応じて判断しなければならない。

解答欄
×

14　2以上の条例を1の一部改正条例の本則で改正する場合において、改正される条例の数が2であるときと3以上であるときとでは、原則として、題名の付け方に次のような差がある。

(1)　その数が2であるとき　「A条例及びB条例の一部を改正する条例」

(2)　その数が3以上であるとき　「A条例等の一部を改正する条例」

ただし、例外としてA条例とA条例の一部を改正する条例の2条例のそれぞれ一部を改正する条例については、A条例の一部を改正する条例の一部改正部分が当該条例の附則についての一部改正であり、実質的にみれば、A条例の一部と考えてよいから、この場合においても、「A条例等の一部を改正する条例」という題名を付けることとされている。

解答欄
×

15　設問のような一部改正条例の題名が付けられるのは、例えば、行政機構の改革、法令の制定改廃等に伴い複数の条例の改正が、1の一部改正条例で行われる場合である。その複数の条例に係る改正の内容に応じて、次のように使い分けることとされている。

「……整備に関する条例」

実質的な政策判断に基づく改正が含まれるとき。

「……整理に関する条例」

必然的な字句等の改正にとどまるものであるとき。

解答欄 ×

16　かつて全部改正されたかどうかにかかわらず、全部改正の方式による。制定文（全部改正をする旨の柱書き）について一部改正されることはない。

解答欄 ○

17　原則としては、設問のとおり、法令の題名を改正する場合には、題名の全部を改正する方式をとる。ただし、長い題名中の僅かな部分を改正するにすぎないときは、題名の一部を改正する方式がとられることがある。

解答欄 ×

18　設問のような場合には、まず題名だけについて改正を行い、次いで、本則の条の改正に入るのが原則であるので、設問のように同一の柱書きで改正することはしない。

解答欄 ○

19　目次の一部を改正する場合は、章名、節名などの全部を引用して改正する方式のほか、その改正すべき字句のみを引用して改正する方法がとられ、設問のような改正の方式はとらない。

解答欄 ○

20　設問のとおり。

解答欄 ○

21　当該部分のみを改める方式も例がないわけではないが、原則は、設問のとおりである。

解答欄 ○

22　設問のとおり。

解答欄 ○

23　設問のとおり。

解答欄 ×

24　設問の場合は、単に既存の章の次に新たな章を加える改正であるので、「第３章の次に次の１章を加える」という柱書きを置き、次の行から、第３章の２の章名及び第20条の２から第20条の５までの規定を列記すればよい。

解答欄 ×

25　章名を削る場合の改正規定は、その章名を「　」で示して「「第○章　××」を削る」とする方法のほか、「第○章の章名を削る」とする方法が用いられる。

解答欄 ×

26　見出しも、条例の一部であるので、新たに見出しを付すに当たっては、当該条例について一部改正の手続をとることになる。

見出しは、条の内容を端的に示すものである。近年策定されている条例等については見出しが付されているものが多いものの、見出しは、必ず付さなければならないとされているものではない。そのため、設問のような場合には、当該条例に対して、実質的な改正がなされる際に、併せて見出しを付する旨の改正を行うのが通例である。

解答欄 ○

27　見出しの全部を改正する場合の改正規定は、その見出しが第C条固有のものであるときは「第C条の見出しを「(○○○)」に改める」とし、共通見出しであるときは「第A条の前の見出しを「○○○」に改める」とする。

解答欄 ×

28　見出しのない条に見出しを付ける場合の改正規定は、「第○条に見出しとして「○○○」を付する」とする。つまり、見出しについては、「付する」を用い、「加える」は用いない。

解答欄 ×

29　設問のような場合には、第A条の見出しを一旦削り、第A条の前の見出し（共通見出し）を改めて付する方法をとる。設問の場合の改正規定は、「第A条の見出しを削り、同条の前に見出しとして「(○○○)」を付し、同条の次に次の1条を加える」とする。

解答欄 ×

30　条の全部を改める場合、条を加える場合及び条を削る場合には、条固有の見出しは当該条に含まれるものとして取り扱われるが、条中の字句を改正する場合の「第○条中」には、「(見出しを含む。)」という注記がなければ、その条の見出しを含まないものとして取り扱うこととされているので、注記が必要である。設問の場合の改正規定は、「第5条（見出しを含む。）中「A」を「B」に改める」というようにする。

解答欄 ○

31　設問のように、特に「第○条の見出し中……」とするところに注意すること。なお、単に、見出しに用いられている字句及び条文中に用いられている同一の字句のみを改める場合の改正規定は、設問30の解説参照。

解答欄 ○

32　設問の場合の改正規定は、次のようになる。

> 第５条の前の見出しを削り、同条を次のように改める。
> 第５条　削除
> 第６条の前に見出しとして「（○○○）」を付する。

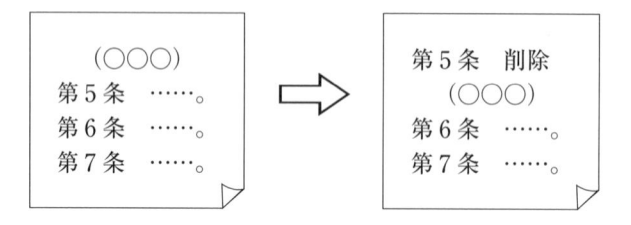

（○○○）
第５条　……。
第６条　……。
第７条　……。

⇨

第５条　削除
（○○○）
第６条　……。
第７条　……。

解答欄 ×

33　設問の場合は、通常、共通見出しとその次に置かれている条を削り、条の繰上げをした後、新たに見出しを付ける方法がとられる。改正規定は、次のようになる。

> 第５条の前の見出し及び同条を削り、第６条を第５条とし、同条の前に見出しとして「(○○○)」を付し、第７条を第６条とする。

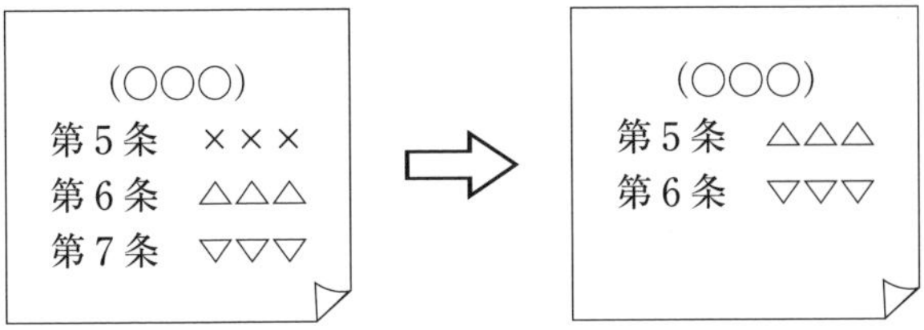

解答欄 ○

34　枝番号とは、条における「第○条の２」あるいは号における「(○) の２」というような形を総称していう。このような枝番号は、条及び号に限らず、章、節などの区分にも用いられる。

解答欄 ×

35　項については、枝番号を用いることはしない。項は、元来、条の中の文章の段落にすぎず、条又は号のように一つの単位として他から区別される内容を持つものとは考えられていないからである。

解答欄 ○

36　条の繰下げは、原則として「第Ａ条を第Ｂ条とする」という方式をとり、「第Ａ条を２条繰り下げる」等の方式はとらない。しかしながら、設問のように字句の改正を行うことなく連続する４以上の条を繰り下げる場合は、設問のような方式をとることとされている。項又は号の場合も、同様である。

解答欄 ×

37　章の最初が枝番号の条から始まることとなっても差し支えないものとされている。節の場合も、同様である。

解答欄
×

38　新たな項を、当該条の最後に加えるのか、既存の項の間に加えるのかによって柱書きは異なる。当該条の最後に加える場合については152ページ参照。既存の項の間に加える場合については、153ページ参照。

解答欄
○

39　設問のとおり。「第○条　削除」とされている条に新たな規定を設ける場合の改正規定は、次のようになる。

> 第○条を次のように改める。
> （×××）
> 第○条　…………………………。

解答欄
×

40　ある条を例えば三つの条に分ける場合には、「第○条を次のように改める」という柱書きを置いて、次の行からまず三つの条のうちの最初の条を書き、次いで、「第○条の次に次の２条を加える」という柱書きを置いて、その次の行から残りの２条を書くという方式をとり、設問のような方式はとらない。これは、ある条の規定する内容が三つの条に分けられたという内容の同一性にはとらわれず、形式的に、１条対１条の対応関係でまず改正し、次いで、残りの２条を追加するという考え方に基づくものである。

解答欄
○

41　設問の場合は、「第○条第○項に次の各号を加える」という柱書きを置き、次の行から、設けるべき各号を列記することになる。設ける号の数は、明示する必要はない。

解答欄
×

42　条にただし書を含む項を加える場合の柱書きは、「第○条に次の１項を加える。」とするだけでよい。

解答欄
×

43　ただし書を加える場合の柱書きは、「第○条に次のただし書を加える」とする。

解答欄
×

44　条に、これに従属する各号があるただし書を加える場合の柱書きは、「第○条に次のただし書を加える」とするだけでよい。改正規定は、次のようになる。

> 第○条に次のただし書を加える。
> 　ただし、……………………………………………………………………………………………。
> (1)　……………
> (2)　……………
> (3)　……………

解答欄
×

45　条に後段を加える場合の柱書きは、「第○条に後段として次のように加える」とする。

解答欄
×

46　設問のような場合は、「第○条第１号に次のように加える」という柱書きを置き、その次にウ以下を列記する方式をとる。改正規定は、次のようになる。

> 第○条第１号に次のように加える。
> 　ウ　……
> 　エ　……
> 　オ　……

解答欄 ○

47　同一の条における項についての改正は、項の順序に従って行うのが原則であるから、第２項に他の字句についての改正があるときは、第３項よりも第２項の改正を先に行わなければならない。

解答欄 ○

48　設問のとおり。

解答欄 ○

49　設問のとおり。

解答欄 ×

50　条等における字句の改正は、同一の改正規定の中では同時に行われるものと了解されている。つまり、設問の場合についていえば、改正前の規定の「前条」及び「第１条」についての改正が同時に行われることになるので、前半で改めた「第１条」までも後半で、「同条」に改められることにはならない。したがって、必ずしも、「第○条」についてその全部を改める方式をとる必要はない。

解答欄
×

51　設問の場合、「第▽条中「○○」を「A○○」に改める」というように、冒頭の語を改める方式をとる。

解答欄
○

52　設問のとおり。改正規定を例示すれば、次のとおりである。

> 第5条中「A」を「B」に改め、「C」を削り、……「F」を「G」に改め、同条を第6条とする。
> 〔先に字句の改正〕
> 〔その後で条の移動〕

解答欄
×

53　条を移動させる場合は、移す先をまず空けてから移動させる。正しい改正規定は、次のいずれかである。

> 第6条を削り、第5条を第6条とし、第4条の次に次の1条を加える。
> 第5条　……………………………………………。
> 〔この第5条は、旧第6条と同じ内容のものである。〕

又は

> 第5条を削り、第6条を第5条とし、同条の次に次の1条を加える。
> 第6条　……………………………………………。
> 〔この第6条は、旧第5条と同じ内容のものである。〕

解答欄
×

54　かつては一つずつ移動させることとされていたが、現在では、連続して３以内の移動の場合は一つずつ移動させることとし、４以上の移動の場合は次のように一括して移動させることとしている。

> 第○条第○号中イを削り、ウをイとし、エからカまでをウからオまでとする。

解答欄
×

55　設問のような場合には、例えば次のように書く。

> 第○条　………………。
> (1)　………………
> (2)　次のアからウまでに掲げる場合においては、当該アからウまでに定める割合
> ア　……の場合　10割
> イ　……の場合　５割
> ウ　……の場合　１割

又は

> 第○条　………………。
> (1)　………………
> (2)　次に掲げる場合においては、それぞれ次に定める割合
> ア　……の場合　10割
> イ　……の場合　５割
> ウ　……の場合　１割

解答欄
×

56　設問のような場合の改正方式は、次による。すなわち、既存の第5条第2項を全部改めることとして、新たに第5条第2項として追加される項を書き、次いで、第5条に2項を加えることとして、新たに第3項として追加される項及び既存の第2項を全部改めた形の第4項を書く。

　第5条第2項を次のように改める。
2　………………。
　第5条に次の2項を加える。
3　………………。
4　………………。

解答欄
○

57　設問のとおり。なお、接続詞の「及び」と「並びに」の用法を正確に把握して使用することが肝要である。

解答欄
×

58　見出し（共通見出しを除く。）は、その条の一部を成すものと考えられているので、既存の条を全部改める場合は、既存の見出しを含めて改められることになり、見出しだけが残るということはない。

解答欄 ×

59　条の各号を全部改める場合には、改正の結果既存の号と比べてその数が増減するかどうかに関係なく、「各号」を一まとまりで捉えて改める方式によることとされる。改正規定は、次のようになる。

> 第○条各号を次のように改める。
> (1)　……
> (2)　……
> (3)　……

解答欄 ×

60　設問のような場合は、その号において改正される箇所は、その号の全部であることになるので、号の全部を改正する方式によることとされる。改正規定は、次のようになる。

> 第○条第２号を次のように改める。
> (2)　▽▽

解答欄 ○

61　設問のとおり。法令の最後の条を「第○条　削除」とすることは意味がないことによる。

解答欄 ×

62　項は、単なる法文の段落であって、条又は号のように一つの独立した単位とは考えられないので、項については、「３　削除」という方式は用いることができない。設問122の解説参照。

解答欄
×

63　設問のような場合の改正規定は、「第○条第×項（第▽号、ただし書、後段）を削る」とし、「第○条中第×項（第▽号、ただし書、後段）を削る」とはしない。ただし、ある条中において、項又は号を削るとともに、他の項又は号の移動も併せ行う必要がある場合には、「中」の語を「第○条」の次に置き、以下の改正規定中に出てくる項を指示するに当たっては、「同条第○項」とはしないで、単に「第○項」として、項の廃止及び移動を行う方式が、通常とられる。

解答欄
×

64　法令における縦書きの表については、通常、縦の区切りを「項」と、横の区切りを「欄」と呼ぶ。

解答欄
×

65　法令における横書きの表については、通常、横の区切りを「項」と、縦の区切りを「欄」と呼ぶ。

解答欄
○

66　設問のとおり。

解答欄
×

67　設問のような場合の改正規定は、次のように書く。

　別表第２を削り、別表第１を次のように改める。
別表（第○条関係）

解答欄 ×

68　設問のような場合の改正規定は、次のように書く。

> 別表を別表第１とし、同表の次に次の１表を加える。
> 別表第２（第×条関係）

解答欄 ○

69　設問のとおり。

解答欄 ×

70　「(第○条関係)」の部分が自動的に変更されることはないため、その様式の関係条文について条の移動があった場合には、当該部分の一部改正が必要となる。この場合の改正規定は、例えば次のようになる。

> 別表第○中「第○条関係」を「第△条関係」に改める。

又は

> 別表第○中「(第○条関係)」を「(第△条関係)」に改める。

解答欄 ×

71　様式を一部改正する場合に、改正箇所を示すに当たって、「別記様式（裏面）中」「別記様式備考中」などのように示すこともある。

解答欄 ×

72　設問の場合、附則中の「この条例」というのは、一部改正条例（○○条例の一部を改正する条例）のことである。遡及適用されるのは、当該一部改正条例ではなく、改正の内容が溶け込んだ後の元の条例（○○条例）であるから、この場合の附則は、「この条例は、公布の日から施行し、この条例による改正後の○○条例の規定は、平成○年○月○日から適用する」とするのが正しい。なお、設問２及び75の解説参照。

解答欄 ○

73　設問のとおり。

解答欄 ○

74　条例の施行期日を定める規則は、公布の日から施行されると解するのが自然であろう。いずれにしても、その規則自体の施行の時期を論議する実益もないから、わざわざ附則に施行期日に関する規定は置くことはしない。

解答欄 ×

75　既存の法令の一部を改正する法令の本則の規定は、当該既存の法令の中に溶け込み、その使命を果たすものと考えられている。このような効果は、附則における他法令の一部改正を内容とする規定についても異なるところはないから、いつまでも当該規定（条又は項）を形式的に残し、しかも、後日、当該附則に新たな条又は項を追加するからといってその移動をしなければならない必要性があるとまでは考えられない。このような考え方から、法令の附則における他法令の一部改正を内容とする条又は項については、当該条項の中身を新たに追加すべき条項の内容と入れ替えたり、又は他の削るべき条項とともに削ることとして差し支えないものとされている。

解答欄 ○

76　全部改正の方式がとられるのは、ある法令について制度そのものの基本は維持することとしつつ、具体的規定を全面的に改めようとする場合である。

解答欄 ×

77　法令は、その一部が改正されても、法令としての同一性は失われないから、改正前の元の法令番号が引き続き用いられる。しかし、全部改正の場合には、従来の法令を廃止し、新たに条例を制定するのと実質的な差異はないので、その題名が従前のものと同一か否かに関係なく、新しい法令番号を付けることとされている。

解答欄 ○

78　設問のとおり。

解答欄 ○

79　設問のとおり。

解答欄 ×

80　設問に掲げた規定は、その期限までに当該条例を廃止するための措置が講ぜられるべき旨の立法者の意思を示したにとどまり、議会において廃止措置が採られない限り、当該条例は廃止されたことにはならない。

解答欄
×

81　有効期限が定められた法令（限時法）は、その期限が到来すれば当然失効する。そのほかに、形式上法令の廃止措置が採られなくても、実質的に効力を失っていると考えられる場合がある。例えば、次のような場合が考えられる。

⑴　法令の制定目的が全て達成されてしまった場合。これに該当する場合としては、

a　その法令自身が１回限りの適用を予定している場合

b　社会情勢の変化等により当該法令の適用対象が存在しなくなった場合

等が考えられる。

⑵　ある法令の内容と矛盾する内容の法令が後に制定、施行された場合。この場合には、後法に矛盾する限度で前法の規定が改廃されたものと考えられるから（後法優先の原理）、前法について形式上の改廃措置が採られなくても、その効力は、その限度において失われると考えるべきである。後法優先の原理については38ページ参照。

解答欄
○

82　副詞は、漢字で書くのが原則であるが、例外がないわけではない。例外は、「かなり」「ふと」「やはり」「よほど」のような副詞であるが、これらが法令で用いられることは、通常考えられない。

解答欄
○

83　逆にいえば、法文においては、「及び」、「並びに」、「又は」、「若しくは」の４語は、漢字で書くことが原則であることに注意すること。

解答欄
○

84　設問のとおり。

解答欄
○

85　設問のとおり。

解答欄
×

86　現行の常用漢字表によらない表記については、その法令の改正の都度、実質的な改正がなされる条（又は項）ごとに常用漢字表に合わせるための改正を行うこととされている。この場合に、改正がなされた条と改正がなされない条との間において、表記上の差異が出たとしても差し支えないものとされている。

解答欄
×

87　法令文において用いられている繰り返し符号には、「々」がある。また、表において「〃」が使用されることもある。

解答欄
×

88　法令においては、算式、表等の中で、単位を示す記号が用いられている。

解答欄 ×

89　従来、法令文においては、外来語について片仮名書きする場合の表記以外は、拗《よう》音や促音を他の音と区別せずに同じ大きさで書くのが慣例であったが、「法令における拗《よう》音及び促音に用いる「や・ゆ・よ・つ」の表記について」（昭和63年７月20日内閣法制局総発第125号）により「現代仮名遣い」の原則に従い、他の音より小さく書くこととなった。

解答欄 ×

90　多くの数字を表に掲げる場合には、通例の発音どおりに十百千万億兆を用いるよりも数だけをそのまま表示した方がかえって見やすく、分かりやすいことが少なくないので、例えば、「一、四一〇円」のようにすることが多い。したがって、「必ず」ということではない。

解答欄 ×

91　横書きの例規の場合、その表中に限らず条文中においても数字の表記については漢数字の「兆」「億」「万」を用いてもよい。また、これらの漢数字を用いない場合で、数量を表す数字については、必ず三桁区切りを「,」を示して表記する。なお、年号、文書番号、電話番号等については、一般に、「,」で三桁区切りの表記をしないこととされている。

解答欄 ○

92　設問のとおり。なお、その字句が動詞形で終わるときは、例外なく句点を付ける。

解答欄 ×

93　法令文において、文頭に置く接続詞は、漢字ではなく、平仮名で書くこととされている。

解答欄 ○

94　設問のとおり。なお、名詞を並列して用いる場合には、これらをつなぐ「及び」、「又は」等の接続詞の前には、読点（、）を付けないのが原則である。

解答欄 ○

95　設問のとおり。「以上」・「超」・「超える」、「以下」・「満たない」・「未満」は、いずれも数量的限定をする場合に用いる。これらのうち、基準点となる数量を含まない場合に用いられるのが、「超」・「超える」、「未満」・「満たない」である。

解答欄 ○

96　設問のとおり。「以前」が基準時点を含んでそれより前への時間的広がりを表すのに対して、「前」は、基準時点を含まないでそれより前への時間的広がりを表す。

解答欄 ○

97　設問のとおり。特段の規定のない限り、公法における期間の計算についても、民法の期間の計算に関する規定（第138条～第143条）が働くと考えるのが一般的である。139ページ参照。

解答欄
×

98 「給料、手当及び旅費」と「額及び支給方法」は、従属的関係にはあるが、並列的な併合的接続の関係にはないので、設問の接続詞の用法に誤りはない。設問のような構文の場合、語句が「たすきがけ」のようにつながっているのであって、語句の接続に段階があるわけではない。このような接続詞の用法を「たすきがけの用法」といい、「Ａ及びＢのＣ及びＤ」、「Ａ又はＢは、Ｃ又はＤをしてはならない」というように用いられている。

解答欄
○

99 「申請者若しくはその代理人」ではなく、「申請者又はその代理人」とすべきであるので、接続詞の用法として、誤りである。

解答欄
○

100 「誠実、かつ、適切」ではなく「誠実かつ適切」とすべきであるので、読点の用法として、誤りである。

解答欄
○

101 設問のとおり。なお、刑罰や秩序罰については、「課する」ではなく、「科する」が用いられる。

解答欄
○

102 設問のとおり。なお、その直前に先行する条数が３以下の場合は、多い方から「前３条」、「前２条」、「前条」という。設問108の解説参照。

解答欄 ×

103　設問の表現が用いられるのは、「4以上の条を指示する場合」ではなく「3以上の条を指示する場合」である。なお、直後の2条を指示する場合は、「次条及び第○条」とする。

解答欄 ×

104　「この限りでない」という語は、「ただし書」の結語として用いられるのが、通例である。なお、この語は、本来、本文の規定を打ち消すだけの消極的なものにとどまるので、本文の規定を打ち消した上で更に積極的な意味をもたせたい場合には、明示的な規定をおくべきものとされる。

解答欄 ○

105　新たに制定された法令の場合は、普通、その施行期日だけを定めておけば、施行期日以後に生じた事象に対してその法令は適用されるので、格別その適用について触れる必要がないことが多い。しかし、一部改正の場合、どのような事象に対して、当該一部改正により改正された規定が適用になるのか明確にする必要があるときは、その適用に関する規定が定められる。また、法令をその施行期日前の一定の日に遡り同日以後発生した事象に対して適用させる必要があるときは、「遡及適用」の規定が定められる。

解答欄 ○

106　設問のとおり。

解答欄 ×

107　ある事物について、これと本来異なる他の事物と判断しておき、反証があれば覆ることもあり得ることを意味する語として用いられるのは、「推定する」である。「みなす」の語は、ある事物と性質を異にする他の事物について、一定の法律関係において、その事物と同一視して、そのある事物について生ずる法的効果をその他の事物について生じさせることをいう。したがって、「推定する」の場合と異なり、「みなす」とされた場合には、一定の法律関係に関する限り、絶対的にその法律効果が「みなす」とされたものと同一視され、同一の事物でないということの反証を許さない。

解答欄 ×

108「前各条」の語が用いられるのは、その先行する条数が「５以上のとき」ではなく「４以上のとき」である。設問102の解説参照。

解答欄 ×

109「前項に規定する場合において」と「前項の場合において」との違いは、次のとおりである。

「前項に規定する場合において」	当該前項中の仮定的条件を示す部分を受ける。
「前項の場合において」	当該前項の全部を受ける。

解答欄 ○

110　設問のとおり。144ページ参照。

解答欄 ○

111　設問のとおり。144ページ参照。

解答欄 ○

112　設問のとおり。

解答欄 ×

113「この場合において」という語の用い方は、設問のとおりであるが、この語で始まる文章（後段）は、主たる文章（前段）の次に、改行することなく、続けて書くこととされている。

解答欄 ○

114　設問のとおり。146ページ参照。

解答欄 ○

115　設問のとおり。「とき」と平仮名書きする場合は、広く「場合」という語と同じような意味に用いられる。

解答欄 ○

116　設問のとおり。145ページ参照。

解答欄
×

117　「別段の定め」と「特別の定め」とは、その用法に異なるところはなく、これらは、共に他法令の定めであるか当該法令の定めであるかを問わず、当該条項で定められているものと異なる定め（規定）をいう。

解答欄
○

118　設問のとおり。113ページ参照。

解答欄
×

119　法令においては、「者」「物」「もの」は厳密に使い分けられている。147ページ参照。

解答欄
○

120　設問のとおり。147ページ参照。

解答欄
○

121　設問のとおり。143ページ参照。

解答欄 ○ 122　設問のとおり。法令においては、条名を欠番のままにしておくことはしないので、その条が条例の最後の条である場合及び枝番号の最後の条である場合以外において、「第○条を削る」としたときは、後の条を順次繰り上げる必要が生じる。後の条を繰り上げ、その条名が変わってくると、その条を引用していた他の条や他の法令の全てについて改正が必要となり、大変煩わしいことになり、また改正漏れを生じないとも限らない。このような場合には、「第○条　削除」として、廃止する条が欠番にならないようにその形骸だけは残すことにすれば、煩わしくもなく、他の条や他の法令に対する影響もないところから、「削る」と「削除」を使い分ける実益がある。設問62の解説参照。

解答欄 ○ 123　設問のとおり。143ページ参照。

解答欄 ○ 124　設問のとおり。143ページ参照。

解答欄 ×

125　法令で「当該」が用いられる場合には、「当該」の語は、単に「その」というよりは若干ニュアンスを異にする用い方がされている。144ページ参照。

解答欄 ○

126　設問のとおり。106ページ参照。

解答欄 ○

127　設問のとおり。

演習問題Ⅱの答案例

※■は、配字のルールとして１字分空きとすべき箇所です。誤りやすい部分について示しています。

※答案例として示す改正規定以外のものを否定するものではありません。

問１の答案例

　Ｇ市行政組織条例の一部を改正する条例をここに公布する。

　　令和○年○月○日

Ｇ市長　法制　太郎

Ｇ市条例第×号

■■■Ｇ市行政組織条例の一部を改正する条例

■Ｇ市行政組織条例（昭和60年Ｇ市条例第11号）の一部を次のように改正する。

■第１条の見出し中「及び室」を削り、同条中「及び室」及び「秘書渉外室」を削り、「市民部」を「市民生活環境部」に改める。

　第２条の表秘書渉外室の項を削り、同表経営政策部の項中第５号を第７号とし、第４号を第６号とし、第３号を第５号とし、第２号の次に次の２号を加える。

■⑶■秘書及び渉外に関すること。

　⑷　広聴及び広報に関すること。

　第２条の表市民部の項中「市民部」を「市民生活環境部」に改め、第６号を第７号とし、第１号から第５号までを１号ずつ繰り下げ、同項に第１号として次の１号を加える。

■⑴■市民活動の支援に関すること。

■第２条の表産業観光部の項第１号中「及び林務」を「、林務及び農業振興施策」に改め、同表建設部の項中第２号を削り、第３号を第２号とし、第４号を第３号とし、同号の次に次の１号を加える。

■⑷■市営住宅その他住宅に関すること。

　第３条中「部等」を「部」に改める。

■■■附■則

■この条例は、令和○年○月○日から施行する。

問２の答案例

G市行政組織規則の一部を改正する規則をここに公布する。

令和○年○月○日

G市長　法制　太郎

G市規則第×号

■■■G市行政組織規則の一部を改正する条例

■G市行政組織規則（平成16年G市規則第３号）の一部を次のように改正する。

■第３条第１項の表中「部又は室」を「部」に改め、同表秘書渉外室の部を削り、同表経営政策部の部経営企画課の項中「経営政策係」を「経営政策係　秘書係　広聴広報係」に改め、同部財政課の項中「財政係」を「財政係　行政改革係」に改め、同表市民部の部を次のように改める。

市民生活環境部	市民活動支援課	市民活動支援係　市民生活係 市民相談係
	戸籍住民課	住民記録係　戸籍係
	国民健康保険課	国民健康保険総務係 高齢者医療・年金係
	環境推進課	ごみ減量係　環境係

■第３条第２項の表に次のように加える。

高齢福祉課高齢者支援係	地域包括支援センター

■■■附■則

■この規則は、令和○年○月○日から施行する。

問３の答案例

Ｂ市防災会議条例の一部を改正する条例をここに公布する。

令和○年○月○日

Ｂ市長　法制　太郎

Ｂ市条例第×号

■■■Ｂ市防災会議条例の一部を改正する条例

■Ｂ市防災会議条例（平成16年Ｂ市条例第19号）の一部を次のように改正する。

■第２条中「の各号」を削り、同条第２号を次のように改める。

■(2)■市長の諮問に応じて市の地域に係る防災に関する重要事項を審
■■議すること。

■第２条第３号中「前２号」を「前３号」に改め、同号を同条第４号とし、同号の前に次の１号を加える。

■(3)■前号の重要事項に関し、市長に意見を述べること。

■第３条第１項中「30人」を「35人」に改め、同条第５項に次の１号を加える。

■(8)■自主防災組織を構成する者又は学識経験のある者のうちから市
■■長が委嘱する者

■第３条第６項中「前項第７号」の次に「及び第８号」を加える。

■■■附■則

■この条例は、令和○年○月○日から施行する。

問４の答案例

　こどもの家の設置に関する条例の一部を改正する条例をここに公布する。

　　令和○年○月○日

A町長　法制　太郎

A町条例第×号

■■■こどもの家の設置に関する条例の一部を改正する条例

■こどもの家の設置に関する条例（平成24年A町条例第16号）の一部を次のように改正する。

■題名を次のように改める。

■■■A町こどもの家の設置及び管理に関する条例

■第３条第１号中「、その他」を「その他」に、「並びに」を「及び」に改め、同条第５号中「視聴覚教育の研究及び」を削る。

　第４条の見出しを「（休館日及び開館時間）」に改め、同条第１項に次のただし書を加える。

■■ただし、教育委員会が必要と認めるときは、これを変更し、又は
■臨時に休館することができる。

■第４条第２項を次のように改める。

２■こどもの家の開館時間は、午前９時から午後５時までとする。た
■だし、教育委員会が必要と認めるときは、これを変更することができる。

■第５条から第７条までを次のように改める。

第５条から第７条まで■削除

　第９条及び第12条中「こどもの家の施設等」を「こどもの家施設等」に改める。

　第14条中「館長」の次に「又はその委任を受けた者」を加える。

第15条の見出し及び同条第２項中「取り消し等」を「取消し等」に改める。

第16条中「若しくは」を「又は」に改める。

■■■附■則

■この条例は、令和○年○月○日から施行する。

問5の答案例

　E町事務分掌規則の一部を改正する規則をここに公布する。

　　令和○年○月○日

E町長　法制　太郎

E町規則第×号

■■■E町事務分掌規則の一部を改正する規則

■E町事務分掌規則（平成11年E町規則第2号）の一部を次のように改正する。

■第2条第2項中「副課長」の次に「、課長補佐及び主任」を加え、同条第3項を削り、同条第4項を同条第3項とし、同条第5項を削り、同条第6項中「第4項」を「前項」に改め、同項を同条第4項とする。

　第3条の見出し中「部長、課室長、係長等」を「部長等」に改める。

　第9条を第10条とする。

　第8条第2項中「前項」を「第1項」に改め、同項を同条第3項とし、同条第1項の次に次の1項を加え、同条を第9条とする。

2　部長は、緊急事務処理のため応援を求める必要があるときは、人員及び期間を定めた上で、その旨を町長に申し出なければならない。

　第7条を第8条とし、第4条から第6条までを1条ずつ繰り下げ、第3条の次に次の1条を加える。

　（プロジェクトチーム）

第4条　第1条に定めるもののほか、町長は、2以上の部の分掌事務に係る特定の重要課題で緊急に処理する必要があるものを処理させるためプロジェクトチームを置くことができる。

　別表中「（第4条関係）」を「（第5条関係）」に改める。

■■■附■則

■この規則は、令和○年○月○日から施行する。

全訂　図説 法制執務入門

2013年2月1日　初版発行
2024年5月1日　11版発行

編　　著　株式会社ぎょうせい法制執務研究会

発　　行　株式会社 ぎょうせい

〒136－8575　東京都江東区新木場1－18－11
URL：https://gyosei.jp

フリーコール　0120－953－431
ぎょうせい　お問い合わせ　検索　https://gyosei.jp/inquiry/

印刷　ぎょうせいデジタル株式会社

ISBN978－4－324－09589－8
(5107919－00－000)
〔略号：図説法制 全訂〕

株式会社 ぎょうせい
〒136-8575 東京都江東区新木場1-18-11
フリーコール
TEL：0120-953-431［平日9～17時］ FAX：0120-953-495
https://shop.gyosei.jp ぎょうせいオンラインショップ 検索